LE PRINTEMPS DES *SAYANIM*

Du même auteur :

Les Noces du commissaire, Éditions Le Fennec, Casablanca, 2000.

Moi, Latifa S., Éditions L'Harmattan, Paris, 2002.

Du danger de monter sur la terrasse, Éditions Tarik, Casablanca, 2006.

L'espionne et le journaliste, Éditions L'Harmattan, Paris, 2008.

Avertissement : Malgré la troublante proximité des faits relatés avec l'actualité, toute identification avec des personnages existants ne serait que le produit d'une coïncidence.

5-7, rue de l'École-polytechnique ; 75005 Paris

http://www.librairieharmattan.com
diffusion.harmattan@wanadoo.fr
harmattan1@wanadoo.fr

ISBN : 978-2-296-11284-1
EAN : 9782296112841

Jacob Cohen

LE PRINTEMPS DES *SAYANIM*

Récit

« *Le seul problème que nous devons nous poser est de savoir comment aider Israël* » Dr Marc Aron, président du Bnaï Brit de France, Bnaï Brit Journal, juin 1988.

« *Paris possède aussi son lot de sayanim, auxiliaires volontaires juifs de tous horizons... Ran S. nous donna un cours sur un réseau unique au monde et qui constitue la force du Mossad... Nous disposons d'un réservoir de millions de Juifs hors des frontières d'Israël... Ce système permet au Mossad de fonctionner avec un personnel de base squelettique. Pensez qu'une antenne du KGB emploie au moins cent personnes, là où le Mossad n'en a besoin que de six ou sept* » Victor Ostrovsky, MOSSAD, un agent des services secrets israéliens parle, Presses de la Cité, 1990.

« *Meir Amit comprit très tôt que ses katsas avaient besoin de soutien sur le terrain de leurs missions. Ce fut la raison pour laquelle il développa le réseau des sayanim, collaborateurs volontaires juifs... Le sayan acceptait en dernière instance une allégeance encore plus primordiale – et presque mystique – envers Israël* » Gordon Thomas, Histoire secrète du Mossad, Nouveau Monde éditions, 2006.

« *Arrivée au Maroc, en 1954, de la première délégation du Mossad... Il est chargé de faire passer les juifs du Maroc clandestinement en Israël... Peu à peu émerge l'organisation clandestine dans les rangs de laquelle s'enrôlent des centaines de juifs.* » Michel-Meir Knafo, LE MOSSAD et les secrets du réseau juif au Maroc 1955-1964, Biblieurope 2008.

L'auteur exprime sa cordiale reconnaissance
à Winnie Guieu pour la couverture

Pour contacter l'auteur
yacobous@yahoo.fr

Ce livre est dédié

À tous ceux qui se battent

Pour la Justice en Palestine

1

Youssef El Kouhen tentait d'échapper à la sensation soudaine du Chrétien poussé dans l'arène aux lions. L'image lui rappela quelque chose. Il lui préféra celle du kamikaze, mais sans connotation explosive.

Il y avait beaucoup de monde. Mais peu de femmes. Comme avant chaque tenue, les manifestations de fraternité n'en finissaient pas. Triples accolades, exclamations et tapes chaleureuses. Youssef s'avança prudemment à l'intérieur du temple. On le regardait avec curiosité. Personne ne vint lui souhaiter la bienvenue. L'image de l'arène s'incrusta de nouveau. Il porta les doigts à son cou. Heureusement Florence était déjà là, accompagnée d'une sœur. Il les embrassa avec soulagement.

À l'instar d'un célèbre révolutionnaire en visite aux Etats-Unis, il pensa : « Maintenant je suis dans la gueule du loup ». Florence semblait ne se douter de rien.

Quelques hommes se hasardèrent à les saluer. Florence Meyer et Martine Thoreau avaient déjà mis leurs décors. Même robe noire, même médaillon, mêmes gants blancs. Mais le tablier de Florence était à dominante rouge. Celui de son amie totalement blanc, bavette rabattue. Elles avaient presque la même silhouette, mais les cheveux noirs de la seconde contrastaient avec la blondeur de son accompagnatrice. Lorsque celle-ci leur disait son nom, les frères semblaient ravis. Et décontenancés. Quelque chose dans l'assemblage du trio les embarrassait.

Youssef regrettait d'avoir mis une cravate. C'était une concession ridicule pour passer inaperçu – comme si cela était possible ! – et pour ne pas prêter le flanc à une critique facile.

Il fit un saut aux lavabos, se regarda dans la glace. Il hésitait. Donnait-il l'impression de l'Arabe endimanché, ou de l'intellectuel éclairé ? Il retira la cravate, ouvrit le premier bouton. C'était mieux.

Ce symbole de la bienséance vestimentaire le poursuivait depuis son adhésion. Il n'en raffolait pas, et plus que tout, il était devenu un objet de discrimination. Au moins à la Grande Loge, costume noir et cravate étaient de rigueur pour tous.

Cela avait commencé par une remarque fraternelle. Même les piques relevaient du « fraternel ». Après l'initiation, il s'était rendu compte que certains frères se dispensaient de la cravate, et que dans les locaux de l'obédience, d'autres s'habillaient en jean et t-shirt.

La première fois qu'il se présenta sans cravate, un frère lui ordonna, juste après la triple accolade : « Tu mettras une cravate à chaque tenue. » El Kouhen balbutia sa promptitude à obtempérer. Il était encore dans la phase de la fascination absolue. Devant les maîtres, détenteurs d'un savoir occulte, proches de la perfection maçonnique, il se sentait l'âme du disciple, obéissant et plein de reconnaissance. Il fit l'acquisition de cravates neuves.

Ce maître s'appelait Gérard Silmo. Dans ce microcosme hiérarchisé, il n'occupait aucune fonction, mais ses interventions emportaient l'adhésion. C'était en quelque sorte l'éminence grise de la loge. Un jour, quelqu'un murmura à l'oreille de Youssef : « Gérard est *dix-huitième* ! » À tout hasard, il fit une moue admirative. Mais le port de la cravate ne semblait pas une obligation pour tous. Le premier surveillant s'habillait comme un pitre, en survêtement dépareillé, avec des tennis aux couleurs vives. Ses planches tournaient autour de l'occultisme et de la magie des chiffres. Mais il gravitait dans l'orbite de Gérard. L'autre apprenti lui avait révélé un jour que Silmo n'aimait ni les Arabes ni les Juifs, et qu'il flirtait avec les idées du FN. Ces informations, il les tenait de l'orateur, un Juif pied-noir comme lui.

Avec ses lunettes ovales et son élégance décontractée, il opta finalement pour le type intellectuel. Le temps avait passé. Il se précipita vers le temple. Tout le monde était en place. Il mit son cordon et son tablier à dominante bleue, et ses gants. Juste à temps. Le vénérable assénait un coup de maillet autoritaire.

Youssef resta bouche bée. Il mit quelques secondes à réaliser. Le vénérable était le Juif pied-noir de son atelier, autrefois orateur. Il est vrai que sa présence se faisait rare. L'ancien apprenti, devenu maître en même temps que lui, l'excusait systématiquement pour raisons professionnelles.

Gilles Talibani sembla lui aussi surpris par la présence de Youssef. Mais il se reprit vite, et lança le rituel de l'ouverture.

Bien que l'atmosphère fût dissipée, émaillée d'échanges frivoles, comme si les frères, se retrouvant enfin entre eux, se libéraient d'un cérémonial sacrilège, El Kouhen redoublait d'efforts pour se montrer irréprochable. Les pieds en équerre, la main droite bien relevée, collée à la gorge, il donnait l'impression de vivre un moment d'une extrême solennité.

Ils se rassirent. Youssef privilégiait la colonne du nord pour mieux suivre les planches. Martine ne pouvant s'asseoir que sur la colonne du midi, Florence resta à ses côtés. Leur maintien était exemplaire. Le buste droit, les mains à plat sur les cuisses, le pouce et l'index formant un angle droit. Dans une loge féminine, ce tableau l'impressionnait toujours.

L'appel ne fit que confirmer ce qu'il pressentait. Jusqu'à la lettre s, tous les frères avaient un nom à consonance juive, plutôt d'origine nord-africaine. Puis Ahmed Sidaoui se leva à l'appel de son nom. Youssef se raidit. « Ainsi donc ce traître est un frangin, et en plus dans cette loge ! », maugréa-t-il.

Puis les visiteurs se présentèrent. Le nom de Florence suscita un intérêt non dissimulé. En se présentant, tourné vers l'Orient, El Kouhen sentit converger vers lui des regards suspicieux.

Le vénérable pria le frère secrétaire de donner lecture du tracé des derniers travaux. Youssef se concentra. Habituellement, c'était plutôt un moment de relâchement. Il écoutait d'une oreille distraite ce compte rendu débité d'une voix monocorde, truffé de formules ésotériques, et levait machinalement la main droite pour l'approuver.

Le secrétaire évoqua d'abord « les cinq minutes d'actualité du vénérable maître », sans entrer dans les détails. La formulation semblait indiquer une coutume bien établie. Puis il entra dans le vif du sujet.

La planche de la tenue précédente avait pour thème : « La question des réfugiés juifs des pays arabes ». C'était une tenue blanche fermée. Le conférencier était un profane, auteur d'un livre portant le même intitulé.

Pour un historien d'origine marocaine, le sujet semblait prometteur. Youssef se préparait à savourer l'instant. Mais bien vite il déchanta. L'indignation le gagnait. Le tableau dressé par l'auteur était apocalyptique. Des populations juives expulsées de leur pays, de tous les pays arabes sans exception, dépouillées auparavant de leurs biens, munies à peine d'une valise. Certes, il y avait eu ici ou là quelques excès, consécutifs aux tensions internationales. Mais la communauté juive du Maroc, forte d'un demi-million d'âmes, avait vécu dans des conditions honorables. Les Juifs eux-mêmes le reconnaissaient. C'est plutôt le Mossad qui avait utilisé toutes sortes de manœuvres pour les faire partir. El Kouhen se rappelait l'interview accordée par un écrivain juif d'origine marocaine à un hebdomadaire libéral de Casablanca, dans laquelle il rappelait un fait assez méconnu. En 1955, l'Agence juive avait négocié le soutien américain au Maroc dans ses pourparlers avec la France, contre quarante-cinq mille Juifs. Et ses camions étaient partis les ramasser dans les campagnes marocaines, sans leur demander leur avis, abandonnant sur place malades et vieillards. Une telle distorsion historique n'était pas sans justification. Youssef commençait à comprendre. L'auteur faisait le parallèle avec les réfugiés palestiniens. Et comme par hasard, le nombre des réfugiés juifs leur était équivalent. S'il y avait un problème d'un côté, il n'en manquait pas de l'autre. Israël s'en sortait même mieux sur le plan moral. Il s'était si bien occupé de ses réfugiés, alors que les pays arabes avaient laissé leurs frères palestiniens croupir dans des camps. En conclusion, l'auteur en appelait ouvertement à reprendre ces thèses au bénéfice d'Israël.

Youssef sombra dans l'engourdissement. Muselé par la discipline maçonnique. La voix du secrétaire lui parvenait, lointaine et confuse. Les repères s'estompaient. Le coup de maillet le secoua. Il leva machinalement la main droite. Quelques rires lui firent prendre conscience de sa bévue. Il abaissa piteusement la main. Le vote pour l'adoption du tracé reprit normalement.

Le vénérable communiqua la suite de l'ordre du jour. Youssef crut percevoir un certain triomphalisme. Déjà qu'il avait une voix assez martiale. C'étaient les cinq minutes d'actualité.

Gilles Talibani évoqua la politique intérieure israélienne, avec un luxe de détails que seuls les connaisseurs pouvaient apprécier. On aurait dit un bulletin d'informations officiel. Tout ce que faisait le gouvernement israélien était évidemment approuvé. Le vénérable termina sur l'excellence des relations franco-israéliennes. Le président de la République fut salué comme un visionnaire. La France avait abandonné sa politique « arabe ». Une attitude digne de la patrie des droits de l'homme.

Youssef El Kouhen fut sur le point de demander la parole, prétexter un malaise soudain, et partir. Mais ce serait inquiéter inutilement son amie. Et Talibani se serait fait une joie de le dénigrer dans leur propre atelier. On pourrait même le taxer d'antisémite. Au train où allaient les choses... Il se prépara mentalement à affronter la suite. Se faire une idée exhaustive de ce qui se tramait ici. Vérifier les rumeurs. Lui-même n'avait pas voulu y croire. Au Grand Orient ! Pourtant, il se trouvait bien dans une loge ethniquement pure, politiquement orientée, et dont le nom prêtait à sourire.

Le vénérable annonça la lecture d'une planche. Le maître des cérémonies alla quérir le conférencier, et le guida vers le plateau de l'orateur. C'était un homme d'une soixantaine d'années, à l'apparence affable, presque frêle. Il faisait office de couvreur. Youssef en déduisit que ses fonctions précédentes avaient été importantes.

De fait, Gilles Talibani l'accueillit avec beaucoup d'égards, rappelant son rôle essentiel dans la création de *L'Astre de la Paix*, ses deux années de *vénéralat*, et son combat inlassable pour la défense de la Communauté et la sécurité de l'Israël. Il lui donna enfin la parole en rappelant le sujet de la planche : « Compte rendu du voyage en Israël ».

André Scemama s'éclaircit la gorge, prononça la formule rituelle. Sa voix était plus assurée qu'on ne l'aurait pensé. Youssef prit ses aises, imitant la plupart des frères, croisa les jambes, se reposa sur l'accoudoir. Le souvenir lui revint en mémoire. Quelques mois auparavant, on avait fait lire un communiqué dans les loges, invitant les frères et leurs amis à participer à ce voyage. Talibani avait alors ajouté un commentaire de son cru, qui prenait ce soir tout son sens.

- Ce voyage est déjà le troisième que nous organisons, commença André Scemama, l'air satisfait. L'idée paraissait une gageure. La loge était fondée depuis à peine deux ans. Nous cherchions le moyen de faire participer des frères et des sœurs de différentes obédiences, ainsi que des profanes, à notre engagement pour la paix. Et voyez ! Nous sommes passés de quarante à cent cinquante participants. L'année prochaine, nous espérons être plus de deux cents.

« C'était essentiellement un voyage d'étude, dans le sens noble du terme. Les attaques entendues ici ou là ne méritent pas d'être relevées. D'ailleurs, le quart environ des participants n'étaient pas juifs. Des critiques furent exprimées. Nous avons eu des discussions ouvertes, avec des personnalités d'horizons divers, et même de gauche.

« Nous n'avons qu'un seul parti pris, celui de la paix. N'en déplaise à nos détracteurs, qui préfèrent s'enfermer dans une logique de conflit. C'est aussi la raison pour laquelle nous avons créé cette loge, où toutes les opinions peuvent s'exprimer, je veux dire les opinions qui réfutent l'extrémisme et militent pour la coexistence.

« Pourquoi un voyage organisé ? Rien ne vaut une visite sur le terrain. Les médias français, à la recherche de sensationnel, montrent une réalité tronquée. Je ne dis pas fausse. Mais à force de ne voir que des militaires lourdement armés d'un côté, et des enfants avec des pierres de l'autre, on aboutit à une vision manichéenne.

« Or la réalité est plus complexe. Tout État a le devoir d'assurer la sécurité de ses citoyens. Longtemps Israël fut menacé de destruction. Et cette menace n'a pas totalement disparu.

« Je vous en donne un exemple. On nous a fait visiter la barrière de sécurité. C'est une vision terrible pour nous, qui vivons dans un monde pacifié depuis des décennies. On imagine aisément les difficultés, voire les drames, que subissent les Palestiniens. Ces aspects n'ont pas été éludés. Nos accompagnateurs ont été soumis à un feu nourri de questions. Mais les participants ont compris aussi les besoins sécuritaires d'Israël. Grâce à la barrière, les attentats suicides ont diminué de 98%.

André Scemama marqua une pause, jeta un regard circulaire, but quelques gorgées. Plusieurs frères dodelinaient béatement. Youssef reconnaissait au conférencier une dose de mauvaise foi habilement travestie. Il changea de position, s'appuya sur l'autre accoudoir.

- Notre groupe, reprit Scemama, s'est aussi rendu à Bethléem. Nous y avons rencontré des Palestiniens modérés, musulmans et chrétiens. Car la majorité des Palestiniens souhaitent vivre en paix avec Israël. À côté d'Israël. Nous avons essayé d'établir un dialogue, de jeter les bases d'une réconciliation. Car la guerre, en fin de compte, n'est souvent que le résultat d'une incompréhension entre les peuples (El Kouhen faillit glisser de l'accoudoir), d'une méfiance entretenue par les extrémistes. Il faut chercher à comprendre l'autre, rétablir des voies de communication, organiser des événements communs. Ainsi, les conditions d'une vraie paix seront réunies, une paix durable, la paix des cœurs.

« Le plus bel exemple nous a été fourni par Jérusalem. Quelle émotion ! Nous avions la chair de poule. Voilà une ville unie, réunifiée, pour le bien de tous, où les trois grandes religions monothéistes coexistent dans l'égalité et la liberté.

« Nous avions conscience d'assister à la marche de l'Histoire, de l'Histoire qui se fait, et qui lie deux peuples meurtris. La paix est un processus difficile mais irréversible. C'est ce message d'espoir que nous avons voulu rapporter, et que chaque participant s'est engagé à diffuser. La paix, c'est aussi notre idéal. Notre loge, qui en porte le nom, en a fait sa mission principale. J'ai dit, vénérable maître.

On aurait pu entendre les applaudissements imaginaires, tant les visages exprimaient une approbation enthousiaste. Youssef s'étonnait presque de cette retenue. Une entorse au rituel ne les aurait pas gênés. Lui-même applaudissait mentalement la prestation. Mais pour d'autres raisons. Il en était encore soufflé. Quelle belle leçon de démagogie ! Les Arabes en avaient encore beaucoup à apprendre. Et de plus, le conférencier se montrait d'une modestie touchante. Il n'avait fait qu'apporter sa petite pierre. Ses références à la paix résonnaient encore d'une sincérité poignante.

- Mon très cher frère André, dit Talibani, une fois l'exaltation quelque peu apaisée, un grand merci pour ce magnifique compte rendu. Tu as su, comme toujours, faire preuve d'une objectivité remarquable. Dans ta bouche, la paix redevient un objectif accessible. Il faudrait qu'il y ait, de part et d'autre, plus d'hommes de bonne volonté. Et des initiatives courageuses. J'ai d'ailleurs donné mon accord, au nom de notre atelier, pour soutenir une prochaine rencontre sportive entre de jeunes Israéliens et Palestiniens. Nous en reparlerons. J'ai participé à ce voyage l'année dernière. Je sais à quel point il est important. Il en faudrait plusieurs comme ça chaque année, pour consolider le désir de paix. Mais nous sommes sur la bonne voie. La parole circule !

Il y a généralement un silence entre le coup de maillet autorisant la circulation de la parole et la première demande. Mais là, plusieurs mains se levèrent d'un coup. L'impatience préfigurait la nature des interventions. Youssef les guettait avec appréhension.

La désillusion était trop attendue pour qu'il se hérissât. Toutes les interventions allaient dans le même sens. Ceux qui avaient fait le voyage dressaient un tableau dithyrambique. Un peuple dynamique, solidaire et pacifique. Tous les secteurs de la société, de l'éducation à la santé, en passant par l'environnement et l'habitat, étaient d'un niveau hors du commun. Et cela dans un climat méditerranéen, avec des plages paradisiaques.

El Kouhen s'interrogeait sur ce qui les retenait dans leur patrie légale. Posséder les clés du paradis, et rester au-dehors, ce n'était pas le moindre des paradoxes du « peuple élu ». S'il demandait la parole, aurait-il l'outrecuidance de s'en moquer « fraternellement » ? Le temple risquait de prendre des allures de fosse aux lions. Il venait justement d'enseigner ce chapitre à ses élèves. Il pourrait dorénavant en élargir le sens.

La surenchère gagnait du terrain. Il rongeait son frein, ressassant ses arguments. On était déjà sorti du cadre de la planche. Les intervenants défendaient le bon droit d'Israël, partout, tout le temps. Seuls les médias s'acharnaient, pour des raisons évidents, sur cette petite démocratie entourée de dictatures sanguinaires.

Même le frère arabe y alla de sa contribution, mielleux et grandiloquent, avec son accent bien typé, entraînant des hochements de tête approbateurs, et des sourires condescendants.

Devant cette ferveur grandissante, El Kouhen se demandait s'ils n'allaient pas entonner l'hymne israélien. Peut-être pendant la chaîne d'union. Il serait beau à voir, l'Arabe, encadré fermement par deux sionistes. Là, promis juré, il couvrirait le temple.

Le vénérable était aux anges. Youssef ne l'avait jamais vu aussi radieux. Sa fonction y entrait sûrement pour quelque chose. C'était un homme grand, bien bâti, la quarantaine dynamique, les cheveux noirs soigneusement coiffés. Il dégageait une autorité naturelle. Dans leur loge pourtant, *France Unie*, il semblait souvent sur ses gardes, traquant la moindre remarque équivoque. Les accusations d'antisémitisme n'étaient jamais bien loin. Et toutes les manifestations de sympathie ne le contentaient que partiellement. Son regard gardait une nuance de défiance. Il attendait le dérapage qui ne venait pas, mais c'était tout comme.

El Kouhen lui trouvait des circonstances atténuantes. À lui comme à ses coreligionnaires. Ils avaient beaucoup souffert. Mais tout de même ! La balance penchait nettement en leur faveur. Les Juifs occupaient désormais une place de choix. Des sympathies au plus haut niveau de l'Etat. Le gratin de la République au garde-à-vous au dîner annuel du CRIF. Au point de développer un sentiment d'impunité empreint d'arrogance, et de vouloir réduire au silence les critiques d'Israël, en les assimilant aux pires antisémites.

Il suffisait de le voir. Talibani jubilait. Encore une manœuvre réussie contre les ennemis d'Israël. Euphorique, il annonça presque avec regret : « Encore une ou deux interventions ».

Youssef avait l'impression que le vénérable le défiait. Comme s'il l'avait démasqué. Alors sa main droite jaillit comme un ressort. Il se fit un silence hostile.

- Vénérable maître et vous tous mes frères et mes sœurs en vos grades et qualités. J'ai écouté attentivement la planche. Elle ne manque pas d'intérêt. Il serait difficile de revenir point par point. Je voudrais soulever une seule question. Et c'est le point de vue de l'historien. Les conflits ne relèvent pas des sentiments. C'est plus profond et plus concret. Le conflit israélo-palestinien ne repose pas que sur l'incompréhension entre deux peuples (Youssef fixait obstinément l'orient, ignorant les regards chargés d'antipathie). À la base, il y a l'occupation et la colonisation. Et le refus d'Israël de laisser les Palestiniens avoir leur État. La méfiance et l'incompréhension en sont la conséquence. Or la planche semble ignorer cet élément fondamental (des grognements sourds lui parvenaient. Il raffermit sa voix). Tous les conflits coloniaux ont eu plus ou moins la même configuration, et ne se sont réglés qu'avec l'indépendance des peuples dominés. Entretenir l'illusion d'une solution fondée sur la bonne volonté, en ignorant la réalité, ne fera qu'aggraver l'impasse, et le prix à payer pour la paix sera encore plus lourd. J'ai dit, vénérable maître.

El Kouhen se rassit, le regard rivé au sol. Les grondements se propageaient. Il sentait leur envie d'en découdre. Le vénérable laissait faire, avec complaisance. Enfin il déclara :

- Mon frère, je te connais depuis quelques années. Nous appartenons à la même loge. Je connais tes compétences professionnelles. Tu nous as fait des planches d'une grande qualité. Nous sommes hélas ! confrontés à une situation douloureuse, surtout pour nous qui sommes originaires d'Afrique du Nord, et qui gardons le souvenir d'une coexistence multiconfessionnelle. Vois-tu, c'est cette communion que nous voulons retrouver. Si nous avons fondé cette loge, et je suis heureux que tu aies pu la découvrir, c'est pour établir un lieu de dialogue et de rapprochement, dans un esprit de bonne volonté. Ce n'est pas un lieu de confrontation, où chacun vient avec ses convictions pour les imposer aux autres. C'est ainsi que nous réussirons. La paix est à la base de notre engagement. Je ne doute pas de ta sincérité, mais tu comprendras que les considérations purement politiques ne sont pas bienvenues dans ce temple. C'est un principe général d'ailleurs. Car nous devons nous élever dans un esprit de concorde et de fraternité.

Réquisitoire implacable. Dans une arène surchauffée. El Kouhen imaginait les clameurs vengeresses, les pouces tournés vers le bas. Que s'était-il imaginé ? Qu'il suffisait de rappeler les principes du droit international et les leçons de l'Histoire ?

On l'avait bien remis à sa place. Il se sentait impuissant. Le vénérable avait clos la circulation de la parole.

Il n'avait qu'une hâte. Que ça finisse. Il fit le mort. Se levant et se rasseyant, se mettant à l'ordre, tapant dans ses mains, criant « Liberté égalité fraternité ! », mécaniquement, dans un état second, le regard absent.

Ce n'était pas tant l'humiliation. Il était désespéré qu'on en fût là. Les paramètres du conflit semblaient évidents. La solution raisonnable découlait de source. Lui substituer un antagonisme ethnico-religieux le rendait quasiment insoluble. Ce ne pouvait être le fruit du hasard. L'adversaire était d'un machiavélisme redoutable.

El Kouhen souffla. Il n'y eut pas de chaîne d'union. Pas de promiscuité hostile. On aurait pu lui broyer les mains. Mais il ne saurait rien à propos de l'hymne israélien.

Les visiteurs présentèrent les salutations fraternelles de leurs loges respectives. Il marmonna les siennes, en maudissant cette obligation.

Il tendit machinalement la main droite, balbutia le serment du secret. C'était vraiment la fin. Les participants se délestaient de leurs décors, se congratulaient, s'embrassaient. Le cercle autour de lui s'élargissait. On l'évitait comme un pestiféré.

Florence se rapprocha. Sobrement élégante, en pantalon clair et chemisier bleu. Son sourire dissimulait une vague inquiétude.

- J'ai pas envie de rester aux agapes.
- C'est pas grave. Tu es fatigué ?
- Pas vraiment. Ce serait trop long à expliquer.
- Je t'accompagne ?
- Pas la peine. Reste avec Martine.

Elle essayait de deviner les raisons de ce revirement. Son ami avait la tête des mauvais jours. Elle connaissait sa propension à la solitude. Il ne servait à rien d'insister. Elle serra furtivement sa main. Le vénérable déboula à ce moment-là, et fit semblant de ne pas l'avoir remarqué.

- J'espère que vous restez aux agapes. Vous êtes nos invités, bien entendu.

- Je reste avec mon amie, répondit Florence. Notre frère ne se sent pas bien. Il doit rentrer.

- Oh ! Comme c'est dommage !

Youssef faisait des efforts. La coupe débordait. Il s'appliquait à ranger sa serviette. Une sensation déplaisante lui fit tourner la tête. Le frère arabe le fixait d'un air méchant. Il choisit la fuite.

2

Se rendre à l'ambassade d'Israël le remplissait d'une grande fierté. À peine sorti du taxi, il bombait le torse, levait les yeux vers la bâtiment et le drapeau. L'émotion l'étreignait. C'était plus fort que lui. Le déploiement de forces le comblait particulièrement. C'était la marque d'une nation puissante.

Mais son bonheur ne connaissait plus de limites lorsqu'il atteignait les contrôles de sécurité. On le reconnaissait. Gilles Talibani sortait rarement le laissez-passer. On l'accueillait avec des exclamations en hébreu, et des clins d'œil complices. Les barrières s'ouvraient facilement. Et lorsqu'on lui remettait le badge intérieur, il avait le sentiment de se retrouver chez lui. Définitivement chez lui.

Il n'avait plus besoin de se surveiller. Pas comme partout ailleurs. Même au Grand Orient. Difficile de savoir réellement ce que les frères avaient dans le ventre. Ici, il n'y avait que des Juifs. Et quels Juifs ! La crème de l'État juif. Ses agents dévoués. Des individus entiers, et sans fioritures. Déterminés et rugueux, avec l'arrogance de ceux qui ne doutent ni de leur force ni de leur droit. Ensemble ils recréaient une société miniature dans laquelle les différences s'estompaient. Simples employés ou diplomates chevronnés. Plus de séfarades ni d'ashkénazes. Dans cette bulle protectrice, ils formaient un bloc soudé, homogène, une forteresse dans le monde et contre lui. Là ils pouvaient se livrer sans inhibition. On forçait sur l'exubérance. Ils oubliaient le pays d'accueil. Chacun laissait derrière soi un environnement jugé hostile. Le monde entier leur était défavorable. Personne ne les comprenait vraiment. Même les Américains, au fond… Et malgré les marques exagérées de sympathie, ils se méfiaient des Européens, autrefois nationalistes et cyniques, aujourd'hui lâches et pacifistes, prêts à se faire avaler par des hordes barbares. Toute sortie à Paris les accablait. Les foules bigarrées, les couples mixtes, la décadence et l'hédonisme. L'Europe allait à sa perte. Eux se battaient pour conserver leur pureté. Et incidemment pour la sauvegarde de l'Occident. Peut-être en vain. Le travail à l'ambassade constituait un ressourcement. Le combat reprenait du sens. Cette atmosphère faisait presque disparaître les tensions inhérentes aux relations professionnelles.

Gilles oubliait aussi son propre environnement, et l'identité qui lui collait à la peau. Ici il l'exhibait fièrement, sans s'inquiéter à chaque instant de l'opinion d'autrui ni des regards inquisiteurs. En dehors d'îlots rassurants – la famille ou les associations juives – le quotidien ne lui offrait que des motifs d'insatisfaction : antisémitisme rampant et dénigrement d'Israël. De toutes façons, la France ne lui inspirait plus confiance. L'islam gagnait inexorablement du terrain. Il imaginait le pire.

Une dernière bouffée d'inquiétude avant d'arriver à l'ambassade. Comme pour marquer le passage de l'ombre à la lumière. Dans le taxi, il ne manquait pas de s'interroger sur la personnalité du chauffeur. Avait-il percé son identité ? Le comble était de voir certains objets de culte musulman, chapelet ou Coran miniature, se balançant en haut du pare-brise.

À l'intérieur, il dépassait le statut de visiteur pour intégrer le camp des maîtres des lieux. Il ne se voyait pas comme les autres Juifs, que les Israéliens considèrent avec une aimable condescendance, vu leur entêtement à jouir des délices de la diaspora. Ces Juifs français leur étaient certes utiles, et ils ne manquaient pas une seule occasion d'exploiter leur *patriotisme*, mais le complexe de supériorité, même modulé, semblait être leur seconde nature.

Talibani n'avait pas usurpé son statut. Ce n'étaient pas seulement ses états de service actuels. Il avait rejoint, en volontaire, l'élite guerrière, la matrice qui fabriquait le nouvel homme israélien, sûr de lui et conquérant, pétri d'audace et d'abnégation, et qui vengeait deux millénaires d'humiliations. À dix-neuf ans, il s'était engagé à *Tsahal*, pour trois années pleines, et avait fini avec un profil élevé. Quoi qu'il arrive, il était des leurs.

Uri Sulitzer ne pouvait le recevoir immédiatement. Un rendez-vous inopiné. On lui transmit le message avec l'expression de connivence réservée aux initiés.

Il y avait un pool de trois secrétaires. Gilles s'assit à la table de la première assistante. C'était une femme dans la quarantaine, sérieuse et appliquée, qui suscitait la compassion. Le statut de divorcée n'est jamais facile à porter.

On lui apporta du café. Il alluma un cigarillo en soufflant bruyamment. C'était agréable d'ignorer la loi. De toutes façons, il y avait l'immunité diplomatique.

Les deux autres secrétaires s'agitaient allégrement. Jeunes et désirables, la poitrine provocante, le clin d'œil facile, elles emplissaient l'atmosphère d'un parfum de sensualité. Il se sentit nostalgique de sa période militaire, et de quelques aventures. Mais il se ressaisit en s'interdisant toute pensée charnelle. Ils formaient une grande famille, et c'eût été toucher à quelque chose de sacré. Malgré son détachement affecté, et dans l'ignorance de ses beaux sentiments, elles poursuivirent leurs petits jeux.

La porte s'ouvrit brusquement, et ce fut comme un ouragan. Avec une exclamation tonitruante, Sulitzer attira Talibani dans ses bras. Il était moins grand mais plus rond. Les cheveux frisés, les yeux pétillants. Il portait une cravate sur une chemise bleue. Les secrétaires roucoulaient devant tant d'amitié virile. Il commanda du café à l'une des deux jeunes filles, en la complimentant exagérément.

Le bureau était grand, décoré comme un musée. Des photographies racontaient l'histoire du pays, depuis l'époque mythique des pionniers, les grandes victoires militaires, et les dirigeants charismatiques. Une partie était réservée à l'actualité culturelle, avec un accent particulier sur le cinéma et la littérature. Affiches de films, portraits d'écrivains, salons et festivals. De nombreux petits drapeaux parachevaient la touche patriotique.

Malgré ses nombreuses visites, Gilles ressentait à chaque fois une émotion particulière, proche de la chair de poule. Il ne savait plus où donner de la tête. Les pionniers aux regards brûlants, la peau tannée par le soleil, le fusil dans une main, l'autre enfonçant la charrue dans un sol rocailleux. Ou les jeunes femmes en short, pulpeuses et innocentes. Ou le visage de prophète de Ben Gourion. Ou l'expression victorieuse du général borgne. En y pénétrant la première fois – il y avait un autre attaché culturel – les mots lui restèrent dans la gorge lorsqu'on sollicita sa collaboration. Il eut honte de laisser croire à une hésitation.

Uri le laissa à sa contemplation. Le bureau faisait presque toujours la même impression sur les visiteurs. Il rendit hommage au premier « diplomate-recruteur » qui avait eu cette idée lumineuse.

Talibani s'arrêta sur une affiche de cinéma dissimulant une porte. C'est par là que certains visiteurs sortaient discrètement. Peut-être aussi celui qui l'avait précédé.

- Je viens d'engager un nouveau *sayan*.

- Ah ! La famille s'agrandit, se réjouit Talibani.

Il apprécia cette confidence spontanée. Malgré leur complicité, il évitait les commentaires, et encore plus les questions. C'était un domaine sensible, ultra-confidentiel. Il lui suffisait d'avoir confiance.

- Ce ne fut pas facile.

- Des états d'âme ?

- Comme tu dis. C'est quelqu'un qui travaille dans les médias, avec des positions de gauche bien connues.

- Avec tout ça, dit Gilles en désignant le décor, il hésitait encore ?

- Il a été touché. Cela se voyait. Et il m'a affirmé à plusieurs reprises son attachement profond à Israël. Mais le statut de *sayan* le gênait. Il devait surtout avoir peur que ça se sache. D'où la discrétion autour de sa visite.

- Est-ce bien le moment de tergiverser, nom de Dieu ! Nous sommes entrés dans une guerre totale, sur tous les fronts. C'est eux ou nous !

Le diplomate appréciait son côté entier. Si tous les Juifs étaient comme lui ! Et si on pouvait trouver une astuce pour leur faire faire leur service militaire en Israël !

- Je le lui ai fait comprendre, évidemment. Il avait peur pour sa crédibilité. Je lui ai garanti une discrétion absolue. Il m'a cru. C'est tout de même un de nos points forts.

- Notre politique commence à payer. Il faut agir partout, là où c'est possible.

- C'est pour cela que je l'ai reçu tout de suite. À sa convenance. Désolé pour le retard.

- Penses-tu ! Entre nous ! Je sacrifierais volontiers une journée pour un tel résultat.

- Tu es un vrai patriote.

Gilles se rengorgea. Il alluma un nouveau cigarillo, leva les yeux vers quelques figures transcendantes, les prenant à témoin de son dévouement. Tout en gardant la réserve de circonstance. Uri en profita :

- C'est MST qui nous a mis en contact.

- Ah ?!

Il perçut toutes les ambiguïtés contenues dans l'exclamation.

- J'ai l'impression que vous ne l'aimez pas beaucoup.

- C'est pas vraiment ça.

- Gilles ! Entre *Golanis* ! Jouons-le franc !

- Okay ! C'est vrai, on ne l'apprécie pas chez nous. Et même, on s'en méfie. D'abord, il fait plutôt goy. Sa femme, ses relations, son style de vie. Qu'a-t-il de réellement juif ? Mais ce sont surtout ses opinions qui nous choquent. Toujours à parler d'État palestinien et de territoires occupés. Ça finit par créer un trouble. Il se dit de gauche. Mais c'est pas une raison. Claude Arschlokhovitch aussi est de gauche. Mais il défend Israël sans complexe. Quel bel édito il a écrit dimanche dans le JDD !

« Les Juifs orientaux sont trop intransigeants, et manquent de subtilité, pensa Sulitzer. Ils sont plus sionistes que nous.»

- Mon cher, dit-il d'un ton confidentiel, « État palestinien » ne veut rien dire. C'est une formule sans portée réelle. Même Sharon l'a répété des dizaines de fois. Tout le monde feint d'y croire. Y compris les Palestiniens. Ça fait durer les négociations. Vingt ans déjà. Un jour, on leur laissera une espèce d'État croupion dont on contrôlera l'essentiel. Sais-tu ce qu'est un État croupion ?

Il lui donna quelques exemples. Gilles n'était qu'à moitié rassuré.

- Pourquoi alors évoquer les territoires occupés ?

- Mais parce qu'ils le sont ! Sulitzer éclata de rire. Et ils le sont de plus en plus. On va rien leur laisser, à ces bâtards. Talibani eut un rictus complaisant. Ils garderont quelques villes dont ils ne pourront jamais sortir. Seulement, il faut reconnaître qu'il y a un problème. D'où les incantations. Nos meilleurs alliés évoquent aussi les territoires occupés. Mais ils laissent faire. Les multinationales y investissent déjà. Le tramway du grand Jérusalem est construit par une société française. On ne mentionnera plus le partage de la ville. Les grands blocs de peuplement nous reviendront de droit. Nous installons des faits accomplis, irréversibles.

- Mais alors, les Juifs de gauche…

- Non, il faut faire la distinction. Parmi eux, il y a de vrais sionistes, et des gens comme Théo Clean.

- Ah, ce fils de pute !

- Tu vois, ta réaction est symptomatique. On ne peut pas mettre tout le monde dans le même sac.

Gilles hochait la tête d'un air entendu.

- J'irai plus loin, reprit le diplomate. MST nous est d'une importance capitale. Il vaut plus qu'une centaine de *sayanim*. Gilles faillit s'étouffer avec la fumée. Eh oui ! Il couvre pour nous une grande partie du terrain à gauche. Comme il « critique » Israël, sa parole est prise au sérieux. Ainsi il peut faire passer nos intérêts dans pas mal de médias. Un exemple : *Canal +* passe pour être branché et de gauche. Eh bien, il a réussi à mettre une partie de la rédaction dans sa poche. La même chose avec *Charlie-Hebdo*. En plus, cet homme a des réseaux incroyables, dans les milieux les plus influents, en Europe, en Amérique. Il peut appeler Sarkozy quand il veut, ou le roi du Maroc, ou le président de la Commission européenne. Alors, ses « critiques », il faut les goûter comme du miel.

- Alors, vive MST, et que Dieu le bénisse !

- Il a intérêt.

Ils rirent de bon cœur, échangèrent quelques blagues typiques des militaires. Sulitzer éprouvait une complicité particulière avec son visiteur. Le lien qui les unissait était unique. Il voulut lui faire une fleur, mais au-delà des tuyaux crevés qu'on lance aux *sayanim* méritants, pour leur procurer à bon compte un frisson d'aventure.

- Je vais te faire une confidence. Puis sur un ton sérieux : « Foi de *Golani* » ?

- Jusqu'à la mort ! lança Talibani avec émotion.

- MST a des relations spéciales avec le Mossad. C'est le Mossad qui a assuré sa protection au Pakistan, lorsqu'il a fait son enquête sur le journaliste américain assassiné. Sinon il ne serait pas allé. C'est trop dangereux. Aucun autre service secret n'aurait été capable de le protéger.

Gilles le regarda un moment bouche bée, puis détourna le regard vers les photographies. Il ne lui semblait pas convenable de montrer ses sentiments. Quel monde étrange ! Il avait déjà bénéficié de quelques confidences – ces petits secrets croustillants, mais anodins, qui vous introduisent dans le cercle des initiés. Mais la révélation sur MST était d'une autre nature. Pour la première fois, il saisissait la complexité des connexions occultes, et les illusions dans lesquelles vit le commun des mortels. Il détenait une bombe, mais paradoxalement, elle soulignait son rôle insignifiant dans cette immense partie d'échecs. Ainsi que les nouvelles responsabilités auxquelles il n'avait jamais été confronté. Comment mener le double jeu sans se trahir, ni trahir la confiance de son ami ? C'est que MST, en plus de la méfiance qu'il provoquait, faisait l'objet de plaisanteries douteuses. On moquait ses chemises blanches échancrées, ses manières de dandy, son intellectualisme abscons. En cercle restreint – et il en eut honte – on le traitait même de « pédé ». Il ne le pourrait plus. MST était désormais une idole intouchable. Mais comment le défendre sans susciter la suspicion de ses amis ?

Sulitzer était content de son effet. Il lisait dans l'esprit de Talibani comme dans un livre ouvert. Les Orientaux l'étonneraient toujours. Quel que soit leur rang, ils embarquaient avec un enthousiasme bon enfant, et se laissaient gentiment manipuler au nom de l'idéal. Alors que le visiteur précédent – ashkénaze – lui avait donné du fil à retordre. Et on pouvait les mettre dans la poche avec une révélation croustillante. Mais Gilles sortait exceptionnellement du lot. Moins pour ses qualités intrinsèques que pour son engagement dans *Tsahal*. Surtout qu'il avait appartenu, comme lui, aux *Golanis*, ce corps d'élite aux exploits légendaires. Cela les liait pour la vie. Quand il s'en rappelait, Uri le considérait autrement, et lui témoignait un grand respect. Dans un sens, il le respectait plus que les autres *sayanim*, et en particulier ce play-boy qui s'était « engagé » à quarante ans dans les « gardes-frontières », pour quelques mois, le temps d'écrire un livre et d'apparaître en uniforme sur la couverture. On avait dû mobiliser plusieurs services pour lui épargner toute mésaventure. Mais la famille Kaiserfeld rendait tant de services à Israël !

Le diplomate le voyait empêtré dans ses réflexions. La connaissance est un honneur et un fardeau. Mais il en attendait quelque changement. Il lui semblait incroyable qu'un homme de la trempe de MST fût perçu avec méfiance, même par des Juifs francs-maçons. Le moment n'était plus à ces futilités.

- Au fait, j'ai de bonnes nouvelles. Le boss est content du travail des *sayanim* français.

- Le boss... Le grand ? Méïr ? balbutia Gilles, étranglé par l'émotion.

- Eh oui ! Méïr Dégaine himself.

- Je... Merci... Quel honneur !

- Et notre ministère des Affaires étrangères a beaucoup apprécié le voyage du groupe. Le courant est vraiment passé avec les participants.

- Je... Les frères en seront ravis.

- Quelle heureuse initiative !

Talibani faisait des efforts pour se calmer. La simple évocation du chef du Mossad le mettait en transe.

- Nous ferons mieux l'année prochaine.

- C'est la preuve que l'activisme paie. Il faudrait créer une loge comme la tienne dans les autres obédiences. Qu'en penses-tu ?

- Bonne idée. Parmi nos visiteurs, nous avons noté quelques frères et sœurs susceptibles de les constituer.

- De mon côté, je vais contacter tous les *sayanim* francs-maçons. Quelques-uns sont dans les instances dirigeantes.

- Ah, ce sera extraordinaire !

- Nous pourrions alors organiser des colloques interobédientiels sur Israël et la paix, loin des discours extrémistes.

- Génial ! On pourrait associer le Bnaï Brit.

Sulitzer fit semblant de réfléchir, ne voulant pas doucher l'enthousiasme de son visiteur.

- Plus tard peut-être. Si les conditions le permettent. Pour le moment, il vaut mieux laisser le Bnaï Brit hors de tout cela. Nos ennemis n'attendent qu'un prétexte pour renouveler leurs accusations.

- Tu as raison, admit facilement Talibani.

Il commanda du café. Ils le dégustèrent en fumant. L'euphorie de Talibani semblait intacte. Tellement acquis à la cause qu'il ne se formalisait de rien. Le diplomate n'eut pas besoin d'expliquer les tenants et les aboutissants.

- Sinon, dans ta loge ?

- Tout va bien. On s'agrandit. Il y a une bonne ambiance. On est entre nous. C'est super.

- Y a rien qui te turlupine ?

Gilles n'y pensait vraiment pas. Pourtant son hôte avait eu l'intuition de quelque chose. Déjà au moment où il l'avait appelé pour prendre rendez-vous.

- Ah oui ! Nous avons eu la visite d'un frère arabe. Je le connais bien, il fait partie de mon atelier. C'est un prof d'histoire. L'Arabe évolué, a priori. On faisait justement le compte rendu du voyage en Israël. Aucune fausse note jusqu'à ce qu'il intervienne. Je l'ai remis à sa place, mais il nous a cassé un peu l'ambiance.

- Mais en quoi ça te tracasse ?

- Je ne sais pas au juste. Peut-être la raison même de sa visite. Etait-il là par hasard, ou en service commandé ?

- Tu crains qu'il veuille devenir membre de la loge ?

- Aucune chance. Toute initiation d'un profane, ou toute affiliation d'un frère, est soumise à un vote. Il suffit de la bloquer.

- Au risque de relancer l'accusation de communautarisme.

- Nous avons trouvé la parade. Je t'ai déjà parlé du frère arabe qui est avec nous. Ahmed Sidaoui. Plus sioniste que lui, tu meurs. Il a fait le voyage d'Israël l'année dernière. Il intervient dans les radios juives, participe au salon du livre du Bnaï Brit. C'est notre caution. On lui a donné un coup de main pour faire publier son livre chez Grasset. Il nous est tellement reconnaissant !

- Il est sûr à 100% ?

- Tu sais, avec les Arabes... Enfin, jusqu'à présent, il joue son rôle à la perfection. Parfois il en fait trop. Il lui arrive de mettre une kippa pendant les agapes. Ça nous fait doucement rigoler.

Sulitzer se régalait. La scène devait être d'un grand comique.

- Et l'autre Arabe, comment s'appelle-t-il ?

- Youssef El Kouhen.

- Supposons qu'il soit venu avec des intentions malveillantes. Que peut-il se passer ?

- Accentuer la propagande contre notre loge. Mais on peut y parer. Le pire, à mon avis, serait que des francs-maçons arabes fassent de même, créent une loge « arabe », dédiée à la cause palestinienne.

- Ce serait embêtant !

- D'autant plus qu'à la rue Puteaux, siège de la Grande Loge, il y a une loge avec une majorité de Maghrébins, Abdelkader elle s'appelle. Elle devient assez active dans ce domaine.

Il regrettait d'avoir négligé cette éventualité. Il fallait la tuer dans l'œuf. Si une telle loge se créait, c'en serait fini de leur « monopole » chez les francs-maçons. Un combat à armes égales finit par se neutraliser.

- Je vais tout de suite alerter un *sayan*, conseiller de l'ordre au GO.

Gilles attendit en vain quelque révélation.

- Peux-tu m'envoyer un CV de ce frère, El Kouhen ?

Il s'excitait.

- Vas-tu le faire surveiller ?

- À ce stade, ce n'est pas nécessaire. Nous avons suffisamment de connexions. Si ton Arabe fait le malin, on trouvera bien un moyen de le contrer. Et si d'autres veulent monter une loge, on leur mettra des bâtons dans les roues. Ils ne savent pas à qui ils ont affaire.

Ce genre de discours le mettait dans un état d'extase. Et Sulitzer ne manquait pas d'en rajouter. Il se représentait une armée de l'ombre, aux ramifications tentaculaires, capable d'atteindre n'importe quelle cible dans le monde. Avec une efficacité redoutable. Son seul nom procurait un frisson irrépressible. Mais, quelle fierté d'imaginer la mise en branle de cette puissante machine, grâce tout de même à ses informations. Bientôt, des agents très spéciaux allaient s'occuper – réduire au silence ? En guerre, malheur aux vaincus ! – de ces trouble-fêtes. Ah, qu'il aimerait savoir ! Il allait surveiller de près El Kouhen. Ou rendre visite à la loge Abdelkader. En cas d' « incidents », il saurait que le Mossad avait frappé.

Sulitzer le regardait avec un léger sourire. Pour le visiteur, ils étaient sur la même longueur d'onde. Il lança le cri de guerre des *Golanis*. Le diplomate consulta sa montre. Mais Gilles voulait encore rester.

- Il y a autre chose qui me déplaît à propos de ce frère arabe, dit-il précipitamment.

Son interlocuteur prit une attitude complaisante.

- Voilà. L'autre soir, il était accompagné de deux sœurs. Dont une jolie blonde aux yeux bleus. Certains détails me donnent à penser qu'ils sortent ensemble. Or elle s'appelle Meyer. Elle est probablement d'origine juive. J'ai essayé d'en savoir davantage pendant les agapes, mais il y avait beaucoup de monde, et elle avait l'air de s'en foutre.

- Et lui ?

- Il n'était même pas là. Il a pris la poudre d'escampette. C'était trop pour lui de partager des agapes avec des Juifs. Tous pareils. Ils ont beau se dire progressistes ! Mais eux, faut pas toucher à leurs femmes.

Uri Sulitzer se marrait intérieurement. Ces Orientaux, tous les mêmes. Juifs et Arabes. Surtout s'agissant des femmes. S'il ne l'arrêtait pas maintenant, ils en auraient pour un bon moment. De toutes façons, il n'y coupera pas. Il se leva. Gilles ravala sa déception. Le diplomate le raccompagna avec beaucoup d'égards.

3

Florence Meyer entreprit d'abord le tour de tous les étalages. C'était comme un rituel. Même si elle ne devait acheter que quelques fruits. Les sollicitations fusaient, à choisir ou à goûter. Elle ralentissait mais sans s'arrêter, essayant de retenir les meilleurs choix. Une technique apprise auprès de Youssef. Les marchands avaient une faconde envahissante. Elle devait leur résister, tout en restant gracieuse.

Malgré ses rares apparitions, certains commerçants se souvenaient d'elle, et la saluaient. Cela l'étonnait, mais lui faisait plaisir. Elle n'avait jamais connu ce genre de marché auparavant. Dans le quinzième, tout était bien ordonné et policé. On attendait son tour, et on se laissait servir. Il eut été inconcevable d'éplucher une clémentine et de la goûter. Et si le client était sollicité, c'était toujours sur un ton prévenant. Il n'y avait jamais de surenchère verbale et cacophonique.

Florence trimballait un couffin encore vide, et le balançait nonchalamment. Elle portait un pantalon fuseau clair, des baskets fines, et un blouson polaire beige foncé. Son bonnet noir laissait échapper quelques mèches blondes.

Une visite dans le vingtième arrondissement lui faisait toujours le même effet. Surtout le trajet de la rue du Volga à la place de la Réunion. Un autre monde s'offrait à elle. Une réalité longtemps demeurée virtuelle, chargée de fantasmes. On plaquait volontiers la Goutte d'Or – souvent sans y avoir mis les pieds – à tous les quartiers réputés mélangés. Elle s'était imaginé vaguement des espèces de petites médinas, des marchés bariolés, et des foules bruyantes et compactes.

La première nuit chez son ami, elle avait suggéré le taxi. Sa voiture n'était pas en état. La ligne 9 vers Montreuil avait éveillé une appréhension irrépressible, sans oser l'exprimer ouvertement. Comme il était compliqué d'atteindre sa rue, Youssef arrêta le taxi au croisement des rues d'Avron et des

Pyrénées. C'était une belle soirée de printemps. Malgré l'heure tardive, il y avait du monde aux terrasses des cafés. Des musiques supportables s'en échappaient. L'atmosphère générale inclinait à la sérénité. Mais devant la rue étroite et sombre, et quelques jeunes traînassant à l'entrée de l'immeuble, elle ne put réprimer un mouvement de crainte. La main de Youssef la rassura.

L'adaptation se fit très vite. Parfois, ils s'asseyaient à une terrasse avant de rentrer. Surtout après une tenue. En venant pour une nuit, Florence avait l'impression de voyager. Mais c'est surtout le marché du jeudi qui lui fit découvrir le quartier. Les commerces exotiques et la diversité des habitants. La symbiose apparente. L'absence d'agressivité. Et des ruelles d'un charme désuet. Même sa blondeur semblait se fondre dans ce paysage éminemment coloré.

Maintenant elle s'amusait des expressions ahuries, des interrogations muettes ou euphémiques, sur cette partie du vingtième où elle se rendait, parfois seule le soir. « Quelle inconscience ! » devaient penser amis ou collègues. « Tout ça pour un Arabe ! » auraient pu ajouter d'autres.

Elle ne leur en voulait pas spécialement. On n'échappe pas aussi facilement à sa condition. Elle-même aurait pu avoir pareille réaction quelques mois auparavant. Sans connotation péjorative, espérait-elle. D'ailleurs, combien de francs-maçons auraient besoin de descendre de leur piédestal rhétorique, et mettre en pratique leurs grands principes !

Meyer s'arrêta enfin devant un étalage. Le commerçant lui offrit une clémentine. Une sensation délicieuse passa dans sa gorge. Les prix défiaient toute concurrence. Elle remplit un sac en plastique.

Ils allaient être quatre pour le déjeuner. Youssef devait apporter un poulet rôti avec des pommes de terre. Florence prit à tout hasard deux avocats, et retourna par le passage de la Providence, le couffin en mouvement. C'était une de ses préférées. Déjà le nom. Sans voitures. Des pavés, des arrière-cours, et la petite école de la Providence. Elle était aux anges lorsque le vacarme de la récréation l'accompagnait.

C'était une matinée de novembre tout à fait acceptable. Pas trop froide, et le soleil ne désespérait pas de vaincre la brume.

D'ouvrir l'appartement avec les clés de Youssef et de se retrouver là, toute seule, lui faisait une drôle d'impression. Elle posa le couffin, déambula sans but précis. Evitant toute posture investigatrice. Elle craignait de basculer dans le voyeurisme, et les jugements tranchés. Il avait des goûts bien à lui.

Elle entra dans la chambre à coucher, referma la fenêtre. L'air semblait plus respirable, malgré les traces de tabac froid. Un rapide tour d'horizon lui arracha une moue amusée. Elle retira le blouson et les baskets, s'affala sur le rocking-chair. Une vieillerie d'anthologie. Le lit défait avec le plateau du petit-déjeuner. Une commode et une armoire dépareillées. Une chaîne stéréo. Des étagères bourrées de livres, et des revues à même le sol. Un tapis incertain. Des photos de proches, et quelques reproductions assemblées au hasard, comme le tableau de Magritte, un classique, ou la mosquée de Jérusalem avec un dôme doré.

Florence alluma la chaîne. Elle aurait pu se forcer et mettre un semblant d'ordre. Mais Youssef n'y tenait pas. Elle se laissa envelopper par la musique. C'était le même disque de jazz qui les avait accompagnés une partie de la nuit. Le saxophone tirait des complaintes langoureuses. Elle revivait les étreintes intenses, les halètements contrôlés, les rares mots doux.

Le regard dans le vague, elle se balançait sur le rythme des mélodies. Elle se sentait bien, et cela l'étonnait presque. C'était une relation singulière, qui faisait son chemin depuis plus de six mois, au jour le jour. Elle tenait sans réelle perspective ni promesses même implicites. Sans qu'une toile ne se tisse, même à l'insu des amants, comme la glissade irrésistible vers un autel symbolique.

Non que cela fût son souhait. Bien au contraire. Elle appréhendait en général ces moments où la relation bascule dans la permanence. L'approche de la trentaine n'y changeait rien. Elle n'avait jamais commis l'irréparable : lier son sort à celui d'un homme. Concrètement, renoncer à un chez-soi. Partager son intimité. Faire des compromis et rendre des comptes. Aimer les mêmes activités. Se coucher à la même heure. Bref, former une entité à deux têtes, et prétendre la diriger avec une volonté unifiée.

Curieusement, les hommes craquaient en premier. Leur enthousiasme du début, « Il n'y a pas mieux que la liberté, j'en ai toujours rêvé », s'estompait devant sa détermination. Ils commençaient à douter, à appréhender la fin, et finissaient par pousser à plus de contraintes.

Cela, Meyer l'avait expérimenté depuis son entrée à l'université. Ses parents lui avaient alors offert un studio dans le quinzième. Son désir d'indépendance n'avait cessé depuis de se raffermir.

Avec Youssef, elle n'avait décelé aucun de ces signes annonciateurs. Comme s'il l'avait devinée, et ne voulait à aucun prix la contrarier. Elle n'avait même pas eu à l'insinuer. Ils se comprenaient. Leur relation avait gardé une réserve étonnante, avec des attentions renouvelées. Comme si la partie n'était jamais jouée.

Il avait fallu qu'elle tombe sur un Arabe. Le mot la fit sourire. Impossible d'y échapper. On ne pouvait l'utiliser ni l'entendre sans une once de malignité. En ce moment pourtant, elle y pensait avec une tendresse amusée. Et certaines associations la firent presque rire.

Mais le temps s'étirait lentement. Le déjeuner était encore loin. Elle devait bouger. Loin de son cadre de vie, et des activités familières, Florence se sentait confinée, comme un oiseau en cage. Elle se rhabilla, prit de la lecture, et descendit au café.

Le spectacle de la rue l'accapara un moment. Toujours cette sensation de quartier exubérant mais pacifié, de petites gens vaquant à leurs occupations. De nombreuses personnes sortaient du magasin discount tout proche, lourdement chargées. Des clients, bravant le froid, fumaient sur la terrasse.

Elle ne pouvait tenir longtemps cette posture. À l'instar de plusieurs consommateurs, comme ceux du café d'en face, contemplant la rue d'un œil morne. Elle déplia *Le Monde diplomatique* à la page voulue.

Avec sa prudence habituelle, Youssef lui avait indiqué l'article sur MST. Il hésitait souvent, connaissant ses inclinations.

Florence n'avait jamais eu un intérêt prononcé pour la politique. Déjà la politique nationale, avec ses finasseries inextricables, l'ennuyaient profondément. Elle votait, mais selon l'inspiration du moment. Alors, la politique étrangère... surtout présentée avec une austérité aussi décourageante.

Elle avait grandi à l'époque de la grande désillusion. Droite et gauche avaient alterné, et montré plus d'appétit pour le pouvoir qu'une propension à la bonne gouvernance. Elle s'impliquait plutôt dans ce qu'elle aimait et professait.

Assez gâtée par l'existence, fréquentant un milieu aisé et cultivé, Meyer aspirait à une vie pleine et harmonieuse. Dès l'université, et sans pouvoir se l'expliquer, les années soixante lui apparurent comme une époque bénie, culturellement intense, où élégance se conjuguait avec insouciance, au point d'en adopter les codes vestimentaires.

Elle lut les premiers paragraphes. Les controverses aujourd'hui avaient un caractère féroce. À travers l'affaire Siné – le dessinateur historique de *Charlie-Hebdo* renvoyé pour des propos railleurs – l'article analysait l'appui de MST et de ses réseaux au magazine et en particulier à son directeur, Philippe Gale. Les raisons inavouables de cette implication massive. Et la démesure des moyens mis en branle pour écraser un humoriste qui avait osé s'en prendre à un « intouchable ». Ce qui paraissait a priori une démonstration de force impressionnante, pouvait aussi révéler le symptôme d'un affaiblissement. La suite allait le prouver. Victoire aux points pour Siné.

Le mythe se fissurait. Florence se rappelait comment, à la Sorbonne, cet intellectuel faisait craquer les filles. MST avait tout pour lui. Le charme, l'intelligence, le succès. Son regard de velours. Ses éternelles chemises blanches. Sa chevelure abondante, savamment négligée. Et son débit impressionnant. Une fois, il avait donné une conférence dans le grand amphithéâtre. On voulait le toucher comme une rock star.

Youssef y fut pour beaucoup. Les différences entre eux étaient éclatantes. La rencontre fortuite à la bibliothèque du Grand Orient, et la découverte de leur appartenance maçonnique, constituaient un ciment initial. Ils faisaient partie d'un monde à part, avec ses codes et ses mystères, et sa fascination ambiguë.

Chacun se préservait. Aucun ne voulait peser sur l'autre. Florence poursuivait ses sorties artistiques et ses escapades en Italie. Youssef rendait visite à ses parents le week-end en banlieue, sans renoncer à ses engagements politiques. Elle l'avait invité chez ses parents. Lui n'avait pas encore évoqué cette possibilité.

Le déclic se fit à l'occasion d'une autre empoignade médiatique. Un sociologue au-dessus de tout soupçon avait osé un parallèle entre l'occupation israélienne et d'autres occupations historiques. MST lança immédiatement une pétition qui recueillit les soutiens habituels. Les grands journaux lui ouvrirent leurs colonnes. Il passa dans les émissions *people*. Canal + l'invita à cinq reprises. On l'aurait presque imaginé en chevalier intrépide et sans reproche, en équipage blanc immaculé, chassant des ennemis malfaisants.

Son argumentaire était aussi limpide, pour un non-initié, qu'une eau de source. Certes il y avait une occupation israélienne. Une anomalie qu'il déplorait, comme la majorité de la population israélienne. Prête à y renoncer contre une paix véritable. Mais la comparer à d'autres revenait à délégitimer l'existence d'Israël, et donc ouvrir la voie à un nouvel Holocauste. C'était l'expression d'un antisémitisme historique et viscéral, qui n'osait pas dire son nom, ce même antisémitisme qui avait fait des ravages en Europe. Ces nouveaux antisémites ignoraient, ou feignaient d'ignorer, que l'armée juive était la plus morale du monde.

Sur ce point en particulier, comme sur d'autres, Elie Diesel, rescapé des camps de la mort, prix Nobel de la paix, figure universelle de l'humanisme juif, lui apporta un soutien sans réserve. Suivi par des hommes politiques, des journalistes, des intellectuels, des associations… L'avocat William Goldnavet, président de France-Israël, qui dégainait l'arme de la plainte aussi vite qu'un héros de western, poursuivit le sociologue pour antisémitisme.

L'affaire émut par ailleurs le monde maçonnique, lorsqu'on découvrit que l'accusé était un grand résistant, et vénérable maître d'une loge dont les positions humanistes étaient indéniables.

Florence prit spontanément fait et cause pour MST. Certains mots avaient une résonance terrifiante. La famille de son père avait souffert de l'holocauste. L'antisémitisme était une chose abjecte. Et puis l'intellectuel avait l'air si convaincant. Et si séduisant. Tout ce beau monde qui le soutenait ne pouvait se tromper.

Youssef se désolait de tant de naïveté. Le fossé était trop grand. Il n'aurait fait aucune tentative pour le réduire si Florence ne l'avait provoqué. Avec l'enthousiasme d'une jeune femme généreuse et sans malice, elle l'invita à signer la pétition. Il venait d'arriver chez elle. La table était mise, les chandelles allumées. Il admirait sa délicatesse et son goût. L'ordinateur affichait le site de soutien. Il secoua la tête d'un air navré. Son incompréhension fut aussi profonde que sincère. Alors il tenta de démonter les manipulations et les réseaux d'influence.

Florence reprit sa lecture lorsque son téléphone vibra.

- Le salut sur toi ! compagnon vaillant et galant.

- Quelle forme ! T'es où ?

- Au *Muguet*.

- Bonne ambiance ?

- Rien d'exceptionnel. Quelques consommateurs plus ou moins amorphes. Il y a un de tes compatriotes qui ne me lâche pas des yeux, mais il reste dans son coin.

- En es-tu sûre ?

- Je commence à les connaître.

- As-tu acheté des fruits ?

- Des clémentines du Maroc. Et des avocats.

- Merci. J'apporterai le poulet comme prévu. Il me reste un cours. J'arriverai peu après midi trente.

- Et les frères ?

- Vers une heure.

Elle hésita un court instant.
- Dis-moi franchement, ma présence ne vous dérange pas ?
- Pas du tout. On en a déjà parlé.
- Mais tes amis ?
- Je leur ai expliqué. Il n'y a aucun inconvénient.
- C'est quand même une réunion de travail.
- Il y a d'abord le plaisir de se retrouver. Et on en profitera pour parler de l'affaire. D'ailleurs ton témoignage sera intéressant.
- Tu parles ! Je suis passée à côté.
- Justement ! Comment ils réussissent à mener leur machination sans éveiller les soupçons.

La remarque n'était pas à son avantage, mais elle ne le soupçonna pas de mauvais esprit.
- Avez-vous déjà un plan ?
- Sincèrement, non. Je vais leur raconter ce qui s'est réellement passé. Il faudra faire des recherches sur l'historique de cette loge. À mon avis, elle a dû bénéficier d'une bonne dose de complaisance des instances supérieures.
- Tu n'avais pas évoqué la création d'une loge concurrente ?
- Si ! C'est ce qui paraît a priori le plus logique.

Le garçon passa à côté. Elle lui fit signe pour un autre café. Le déjeuner s'annonçait passionnant.
- Ils sont comment, les frères ?
- Ouverts et cultivés. L'un est avocat, d'origine tunisienne. L'autre est prof d'économie, originaire d'Algérie. Ils sont à la Grande Loge.
- Je ne pourrai jamais leur rendre visite.
- On viendra te voir, promis.
- Certaines obédiences ont du chemin à faire.
- Tu as raison, hélas ! Que lis-tu ?
- L'article sur MST. Quel imposteur ! C'est un frangin ?
- Non, je ne crois pas. Il serait plutôt le genre Bnaï Brit.
- La maçonnerie juive ?
- C'est ça.
- T'as rien là-dessus ?
- Je dois avoir quelques chose. On en reparlera. Je ne vais pas tarder à reprendre mon cours.

- Youssef, merci encore pour le petit-déj' au lit.
- C'est naturel.
- Veux-tu que je range un peu ?
- Non, merci. Juste la table.
- Que vont penser tes amis ?
- Ils s'en fichent.
- Dans quel guêpier me suis-je fourrée ?
- Ciao, bella ! Je dois commencer.
- À toute, darling !

L'enthousiasme fit soudain place au doute. La décision d'assister au déjeuner ne lui semblait plus aussi opportune. La perspective de connaître des amis de Youssef, des frères, avec un bagage intellectuel intéressant, l'enchantait. C'étaient plutôt les circonstances. Florence avait un mauvais pressentiment.

La politique ne devrait pas entrer dans les loges, pensait-elle. Dans son obédience, les planches ne pouvaient porter que sur le symbolisme et la philosophie. Exit donc les questions économiques, sociales et politiques qui exacerbent les différences et sèment la zizanie. Ainsi, cette fameuse loge « judéo-sioniste » – comme l'appelait désormais Youssef – n'aurait pas pu exister sous sa forme actuelle.

La tenue ne l'avait pas surprise outre mesure. Le Grand Orient était connu pour sa propension à traiter des sujets d'actualité. Elle ne s'était rendu compte d'aucune dérive. On avait évoqué un voyage de groupe en Israël. Son ami s'était exprimé librement. Le vénérable avait eu le dernier mot. Le rituel avait été respecté en tous points.

Elle aurait conservé cette impression si Youssef ne lui en avait expliqué le lendemain les enjeux véritables.

Son malaise venait en fait de là. Rétrospectivement, il remontait même à l'entrée dans le temple. La sympathie empressée des frères. L'attitude désemparée de Youssef. Son vote déplacé et les réactions narquoises. De manière générale, elle appréciait peu la désinvolture qui régnait dans les temples du Grand Orient. Et enfin le départ précipité de son ami.

Les agapes, dit-on, sont partie intégrante de la tenue. Mettant de côté des réserves éventuelles, Florence s'y conformait. Elle affrontait avec le sourire cette ambiance si particulière de frères en goguette, dont les traits d'esprit frisaient le niveau des fins de banquet. S'y était ajoutée, ce soir-là, l'obsession du vénérable, et de quelques acolytes, de découvrir le degré de sa judéité, et la nature de sa relation avec Youssef. En outre, certains d'entre eux avaient mis une kippa. Un comble dans ce temple de la laïcité.

Heureusement, c'était un buffet. Elle entraîna Martine au bout d'un délai raisonnable, se contentant d'un geste large de la main, et d'une bise virtuelle pour tous.

Maintenant, tous ces détails prenaient un sens bien particulier. Elle comprenait la nécessité d'une riposte. Mais cette escalade ne lui disait rien qui vaille. Elle replia le journal, rêvassa un long moment avant de rentrer.

4

La réunion touchait à sa fin. Des mouvements d'impatience traversaient l'assistance. On guettait les gestes du président. Mais celui-ci semblait avoir d'autres préoccupations.

Richard Zerbib ressentait une lassitude inconnue jusqu'alors. C'était un homme dynamique, svelte et élégant, au sourire conquérant. De rares mèches argentées tempéraient une jeunesse insolente. On l'abordait rarement avec indifférence. De nombreuses femmes lui marquaient de l'intérêt. Mais il n'avait plus le goût de s'y attarder.

La soirée fut particulièrement chargée. D'abord l'initiation de deux nouveaux membres. Un couple de pharmaciens. À la joie de les accueillir – ils semblaient dévoués, et surtout d'une générosité avantageuse – se mêlait la crainte du trop-plein. La loge Ben Gourion était très sollicitée. À cause de son prestige, et de ses nombreuses personnalités. Ensuite la conférence de Daniel Sardoni, psychanalyste, sur « le refoulé antisémite des militants islamistes ». On n'avait pas compris grand-chose, mais ce fut un grand moment d'exaltation.

Le trésorier égrenait les comptes trimestriels. Certains prenaient des notes. Personne ne soupçonnait l'humeur du président. Il est vrai que ses nombreux voyages, et une pigmentation naturelle, le gratifiaient d'un hâle flatteur. Seule son épouse s'en inquiétait. Depuis le dernier congrès, elle avait remarqué des moments d'absence inhabituels.

Richard percevait l'impatience des membres. La plupart avaient des professions exigeantes. Leur participation au Bnaï Brit était plus un événement communautaire de prestige qu'une corvée intellectuelle. Ils signaient suffisamment de chèques pour gagner leurs galons. Mais il y avait aussi le buffet, qui agissait comme un aimant. La mairie du seizième offrait, non seulement une belle salle de réunion à la loge Ben Gourion, mais aussi une table bien garnie. Partisan inconditionnel d'Israël, et des organisations juives qui s'en réclamaient, le maire ne lésinait pas sur les moyens. Et les agapes étaient l'occasion de se montrer. La réussite sociale n'atteignait tout son éclat que devant le plus grand nombre.

Seulement, il y avait aussi les trois invités. Des goïm certes, mais prestigieux. Ils apportaient un soutien précieux. On les avait autorisés exceptionnellement à participer aux travaux. On ne pouvait faire moins que de leur donner la parole, et les applaudir de tout cœur.

Cette présence en soi ne contrariait pas le président. En d'autres circonstances, il l'aurait considérée comme un privilège. Et l'allongement de la tenue un plaisir. Mais Zerbib y voyait là le dernier élément d'un enchaînement plus ou moins imposé. Et les perspectives ne lui semblaient pas de bon augure.

En quelques années, sa vie avait pris un tournant étonnant. Cardiologue à vingt-cinq ans, il s'était aussi investi à l'hôpital et dans l'enseignement. Les congrès lui conférèrent une dimension internationale. Séducteur précoce, ces attributions ne firent qu'accentuer ses penchants pour les plaisirs. Jusqu'à son mariage.

Richard était au mieux un « Juif de kippour ». La tradition ne l'avait jamais concerné. Seul le hasard lui avait fait épouser une ashkénaze. Une quasi-athée. Après la naissance de leur premier enfant, elle abandonna son travail de biologiste. Mais pour meubler son temps libre, Viviane Weil renoua quelques contacts. Une de ses amies l'introduisit à la WISO, l'organisation internationale des femmes sionistes. De là, elle adhéra au Bnaï Brit, un ersatz de franc-maçonnerie juive. Son mari n'y trouva rien à redire. C'étaient des institutions laïques.

Mais il n'avait pas prévu la pression, sournoise et indicible, qui s'y exerçait. Une femme seule suscite la compassion. La solitude d'une femme juive est plus poignante. Si elle est mariée, on se pose des questions. Comment un mari peut-il abandonner ainsi sa femme, et la priver du privilège d'apparaître à son bras, et d'exhiber devant le monde son bonheur conjugal ? Ne profiterait-il pas de son absence pour prendre son plaisir ailleurs ? Les rumeurs disaient qu'il était bel homme, et que son passé ne parlait pas en sa faveur.

Zerbib se résolut à demander son admission à la loge Ben Gourion. Acceptée avec un enthousiasme délirant. Qui n'a pas de problèmes de cœur ? Que ce soit l'organe physiologique ou le carrefour des sentiments.

Insensiblement, la vie du couple allait changer. Les sorties se faisaient de plus en plus entre coreligionnaires. Pour respecter les convictions de quelques-uns, on choisissait les restaurants *cacher*. Les questions communautaires prenaient une place prépondérante. C'était aussi l'époque où la communauté juive s'enfermait dans une espèce de forteresse assiégée. Face à une menace jugée existentielle, il fallait un retour aux sources et une union sans faille. Les organisations juives s'y mirent aussi, et se livrèrent à une surenchère identitaire.

Richard se demandait encore comment il en était arrivé là, lorsqu'il reçut un appel sur son portable privé. L'interlocuteur se présenta comme l'attaché culturel à l'ambassade d'Israël. C'était une affaire d'importance. Il souhaitait le rencontrer, au plus vite.

Ces deux dernières années, les époux Zerbib avaient été invités à la fête nationale israélienne. Preuve d'une promotion dont Richard se serait bien passé. Un exhibitionnisme de nationalisme patriotique et mystique, qui lui rendait a posteriori les réunions du Bnaï Brit d'une neutralité angélique. En outre, les hommes se rappelaient soudain d'un souci cardiaque. Quant aux femmes, les plus désirables étalaient leur pouvoir de séduction. Les autres se vengeaient sur sa femme.

Uri Sulitzer le reçut promptement, et commanda du café. Le cardiologue jeta à peine un coup d'œil au décor.

Mauvais signe, pensa le diplomate. D'habitude, les Juifs séfarades se pâmaient d'admiration devant les photos et les drapeaux. La moitié du travail était déjà accomplie. Mais on l'avait prévenu.

- Je suis très heureux de faire votre connaissance.

Zerbib inclina la tête, en signe de réciprocité. Sulitzer comprit qu'il devait d'abord lever une ambiguïté.

- C'est MST qui m'a donné votre numéro privé.

Le visiteur eut un mouvement d'étonnement, vite maîtrisé.

- Sans trahir un secret médical, MST ne jure que par vous. Il paraît que vous êtes un magicien. Un jour ou l'autre, il faudra que je me fasse examiner. On vit dans un tel stress.

Le cardiologue posa sa carte de visite sur le bureau.

- Je ne vous aurai pas dérangé pour cela. Merci quand même. MST m'a dit que je pouvais compter sur vous. Je sais qu'il est dans la loge Hatikvah, et que la direction du Bnaï Brit estime beaucoup votre contribution. Le poste de président en est la preuve.

- MST m'honore effectivement de son amitié.

- Savez-vous ce qu'est un *sayan* ? demanda abruptement Sulitzer.

- Non !

- Dans un sens, cela me fait plaisir. Cela montre qu'on peut l'être dans la plus totale discrétion. Certains membres de la loge Ben Gourion le sont. Pour vous exprimer ma confiance, je peux vous révéler que MST l'est aussi. Je le fais avec son autorisation, bien entendu.

Richard Zerbib attendit patiemment la suite.

- Le *sayan* est un informateur qui peut, dans le cadre de ses diverses activités, nous aider, dans la mesure de ses possibilités.

- Qui, « nous » ?

- Je ne peux pas entrer dans les détails pour le moment. Mettons les services de l'ambassade.

- Je me vois mal dans cet exercice.

- Vous serez le premier étonné. Tenez par exemple, en tant que président de la loge Ben Gourion, vous pourriez parrainer une rencontre sportive entre jeunes israéliens et palestiniens, et contribuer à sa réussite.

- Volontiers.

- Ce genre d'événement peut faire avancer la paix.

- Certes. Mais comment ?

- Je vous indiquerai. L'essentiel est d'abord d'avoir votre accord.

- Et c'est tout pour être considéré comme… euh…

- *Sayan*. C'est un pas important. Mais on pourrait vous demander autre chose.

Sulitzer ne sentait pas son interlocuteur envahi par un enthousiasme délirant.

- Vous aimez Israël, n'est-ce pas ?

- Bien entendu.

- Y êtes-vous déjà allé ?

- Une fois.

- Quelles ont été vos impressions ?

- C'est un pays dynamique, moderne, puissant.

Le diplomate soupira. Il triturait son paquet de cigarillos.

- Vous permettez ?

- Vous êtes chez vous.

- Je vous remercie. Ce que j'ai à vous dire est très important.

Il alluma un cigarillo, et souffla plusieurs fois.

- Vous savez, Israël donne cette impression de force indestructible. Tant mieux, nous sommes forts. Mais la menace est permanente. Nos ennemis sont de plus en plus déterminés. Toutes les occasions sont bonnes pour nous nuire, nous porter le coup fatal. La guerre ne se gagne pas que sur le front militaire. Notre seule chance de survie réside dans notre unité, l'unité du peuple juif tout entier. Sans elle, c'est le début de la fin.

Sulitzer l'observait à travers les volutes de fumée. À son grand soulagement, le visiteur finit par demander :

- Qu'attendez-vous réellement de moi ?

Il se redressa et reposa le cigarillo.

- Monsieur Zerbib, j'aimerais que vous compreniez. Nous sommes en guerre. C'est eux ou nous. Nous devons frapper à toutes les portes. Tout soutien nous est indispensable. L'évolution du milieu médical nous inquiète. Surtout au niveau international. Les congrès se transforment en tribunes politiques pour condamner une soi-disant occupation inhumaine. Le sort des populations civiles palestiniennes tourmente les bonnes âmes. Et c'est Israël qu'on montre du doigt, n'est-ce pas ?

- Evidemment.

- Il semble que êtes assez lié avec le docteur Pearson.

- C'est exact. Mais je ne vois pas le rapport.

- Le docteur Pearson est un des dirigeants de l'association internationale de cardiologie. Son autorité morale est très grande. Nous n'aurions eu que des louanges à lui adresser s'il ne s'était mis en tête de visiter les territoires palestiniens et de prendre des positions politiques contraires à l'éthique médicale. Il a visité la Cisjordanie il y a six mois. Il vient de faire un séjour à Gaza. Le saviez-vous ?

- Il m'en avait informé.

- D'après nos renseignements, il aurait fait des déclarations d'une violence déplacée. Est-ce qu'il faisait de la politique ?

- À ma connaissance, non.

- Vous voyez où mène la propagande de nos ennemis ? Transformer un savant en militant. C'est indigne. Il ne faut pas mélanger les genres. Probablement un cardiologue arabe ou un Anglo-Saxon illuminé qui lui aurait fait tourner la tête.

Le diplomate prit un nouveau cigarillo. Zerbib ne se demandait plus d'où il tenait ces informations.

- Il y a bien un congrès à Marbella dans quelques jours ?

- Exact.

- Vous y serez ?

- Bien sûr.

- Il est vrai que vous faites partie du bureau de l'association. J'aimerais que vous notiez les interventions du docteur Pearson, et d'autres éventuellement, surtout celles qui vous paraissent les plus virulentes, ou qui contiennent des propositions anti-israéliennes. Les noms des orateurs et leurs titres.

- Que leur ferez-vous ?

La question jaillit spontanément, avec un soupçon de crainte. Sulitzer sourit, un sourire particulier qui aurait fait le bonheur de son ami Gilles Talibani.

- Voyons ! Nous ne recourons plus à ce genre d'expédients. Nous essaierons de les faire changer d'avis.

- Comment ?

- Par la persuasion, Monsieur Zerbib. Par la persuasion. Ah, encore une chose. C'est le plus important. Si une résolution anti-israélienne venait à être soumise, faites tout votre possible pour qu'elle ne soit pas adoptée. Et soyez sans crainte. Votre nom ne sera jamais mentionné.

Richard Zerbib se sentait pris au piège. Il aurait voulu dire : « Vous faites erreur sur la personne. Adieu ! », sortir de l'ambassade, et tourner la page. Mais il était trop impliqué maintenant. Comme son épouse. Toute une partie de leur vie sociale tournait autour de ces organisations. Il ne pouvait même pas repousser cette offre en particulier. Les informateurs de sa loge, et d'autres, auront vite fait de répandre des rumeurs sur sa « trahison ». Il ne craignait rien pour lui-même, mais sa femme risquait d'en pâtir.

Il tenta une diversion, qui lui fit presque honte.

- Vous savez, je ne suis pas bon à ce genre de choses. Je risque de vous induire en erreur.

Magnanime, le diplomate réfuta l'objection.

- On ne vous demande pas de jouer les James Bond. Soyez naturel. Vous verrez, c'est assez facile, et même excitant. On finit par y prendre goût.

- C'est contraire à l'éthique médicale, mais vues les circonstances...

- Je vous remercie, Monsieur Zerbib. Votre patriotisme vous honore.

Le trésorier poursuivait sa tâche, avec un pointillisme digne d'un expert-comptable. Il est vrai que l'argent était l'élément moteur. Outre une cotisation annuelle élevée, il y avait toutes sortes de contributions, hebdomadaires, mensuelles, ou exceptionnelles. Les dons aux organisations sionistes, pour les implantations, la barrière de sécurité, les routes de contournement. Les soirées spéciales, pour le bien-être du soldat israélien, les volontaires civils, les jeunes boursiers. Les fonds pour tous les procès intentés contre ceux qui propagent insidieusement les idées antisémites. Car si les membres donnaient beaucoup et tout le temps, il leur importait que cela fût souligné.

Richard repensait au congrès. Pour la première fois, celui-ci s'était transformé en calvaire. Lui qui y allait pour se ressourcer, retrouver les confrères, partager les expériences, dans un climat de confiance, et une liberté inégalée. Il se prenait à observer et à se méfier. Tel congressiste n'était-il pas un ennemi en puissance ? Mais c'était le docteur Pearson qui le bouleversait.

D'abord, il était comme un père de substitution. Dès sa première participation, le docteur l'avait pris sous son aile, et l'avait aidé à intégrer les instances dirigeantes. Et puis c'était un homme comme chacun aimerait avoir dans son entourage. Vif, bourru, débonnaire, amateur de whisky et de bons mots, vivant en *gentleman farmer* loin de la capitale, cet Ecossais rougeaud, et qui osait souvent le kilt, semblait sortir d'un livre de légendes. Il avait arrêté l'enseignement un an auparavant, et réduit le nombre de ses consultations. Ce fut pour lui l'occasion de rejoindre une commission médicale britannique, en charge des territoires palestiniens.

Zerbib se souvenait encore de son témoignage après sa visite en Cisjordanie. C'était émouvant, mais cela restait dans le ton. Le docteur fut d'ailleurs moins touché par la situation sanitaire générale que par le nombre et la dureté des barrages, souvent injustifiés, qui rendaient la vie infernale aux Palestiniens.

Mais en abordant la situation à Gaza, son expression avait changé. Jamais intervention ne fut aussi dénuée d'agrément. Quel que fût l'exposé, même sur les sujets les plus graves, le docteur l'émaillait toujours d'anecdotes qui égayaient l'assistance. Non seulement il n'avait pas envie de plaisanter, mais sa voix tremblait d'émotion, comme s'il voyait encore la détresse et le dénuement. Non, ce n'était pas cela qui l'indignait. Après tout, de nombreuses régions dans le monde étaient plus déshéritées. Mais en empêchant une population entière de se soigner, en bloquant l'entrée de matériel médical, en en interdisant même son importation d'autres pays, en restreignant la vente de carburant, voire en bombardant les générateurs, l'occupant menait une punition collective contre un peuple prisonnier, soumis, affamé, conduisant à des drames indescriptibles, surtout parmi les enfants. Cela avait un nom. C'étaient des crimes de guerre. Des crimes contre l'humanité. Rien ne justifiait cette barbarie gratuite.

Assis au premier rang, Richard ne savait plus où se mettre. D'autant que le conférencier semblait souvent revenir vers lui. Il ne pouvait mettre en doute l'intégrité du docteur. Et l'argumentaire complexe mis au point par les organisations sionistes pour dédouaner Israël, lui sembla soudain dérisoire. Mais il devait se ressaisir. Car son bienfaiteur venait de franchir une ligne rouge.

Nous médecins, disait-il, avons une responsabilité particulière. Fermer les yeux serait un crime de non-assistance à peuple en danger. Mais Pearson avouait sa perplexité. Rayer Césarée des lieux de congrès lui semblait un premier pas, un avertissement adressé à Israël. Quelques cardiologues arabes, jusqu'alors sur la défensive, applaudirent le réveil de la conscience du corps médical, et appuyèrent la résolution. La conférence était partagée. Zerbib prit alors la parole, trouva les mots adéquats pour rappeler l'holocauste, le regain de l'antisémitisme, et la survie problématique d'Israël. La résolution fut repoussée de justesse. Le docteur avait voté pour. Et dans son expression se lisaient l'incompréhension et l'amertume.

Amère victoire, pensait le cardiologue, en se remémorant une fin de congrès difficile. La relation avec Pearson ne serait plus jamais la même. Et lorsqu'il en rendit compte à Uri Sulitzer, sans dissimuler son dépit, le diplomate le consola avec ces mots :

- Rappelez-vous, Monsieur Zerbib, les paroles de Churchill : « Wright or wrong, my country ».

En entendant le trésorier finir son exposé, devant une salle regonflée par l'importance des sommes, Richard se demandait en quoi la phrase de Churchill le concernait véritablement.

Heureusement, il y avait cette rencontre sportive à parrainer. Une opération pour la paix. Sans arrière-pensée propagandiste. Mais l'ombre du doute s'insinuait. Il se secoua, et raffermit sa voix.

- Mes amis, la tradition veut que nous saluions, pour finir, notre fidèle ami et bienfaiteur, Monsieur Klaus Croasgun, le maire du seizième. Son soutien et sa générosité ne se comptent plus. D'ailleurs, je profite de l'occasion pour vous rappeler le salon du livre du Bnaï Brit, qui se tiendra ici-même dans trois semaines. Je sais que la réunion a été longue, mais je vous demande encore un peu de patience. Ce soir, nous avons l'honneur et la joie d'accueillir trois invités de marque, que nous connaissons au moins à travers le petit écran. Ils sont venus soutenir un projet pour la coexistence, auquel nous devons donner tout l'éclat nécessaire. Vous savez qu'ils partagent nos convictions, et qu'ils combattent le fanatisme et le terrorisme. Ce sont des amis de la Communauté et d'Israël. Je vous demande de les applaudir. Et je donne la parole à Monsieur Mamadou Soroporo.

Le désagrément d'attendre fit place à un mouvement de curiosité, puis de gratitude. Voir de si près ces personnages de la télévision. Et ils étaient là pour eux. Ils avaient patienté pour leur dire des choses qu'ils aimaient entendre. C'était de moins en moins fréquent, à une époque où les Juifs comptaient leurs amis, et où les médias s'acharnaient sur Israël.

Le président de SOS Racisme déploya sa masse avec une souplesse étonnante. Il frisait les deux mètres. Et d'une corpulence fort appréciable. Il portait un costume beige, une chemise noire et une cravate mauve. L'assistance fit mine de ne pas s'en offusquer. Des gouttes de sueur perlaient sur son front. Sa peau était d'un noir sans nuance. La confiance dominait, mais avec un petit point d'interrogation. On savait bien que SOS Racisme était l'allié de l'UEJF, qu'ils travaillaient et manifestaient main dans la main, le drapeau israélien bien en évidence, et que depuis sa création, essentiellement par des Juifs, proches de Mitterrand et d'Israël, l'organisation n'avait jamais trahi leur idéal sioniste. Mais qui pouvait garantir que la majorité d'Arabes et de Noirs, malgré les verrous administratifs et financiers, ne trahirait pas ? Dans cette salle homogène de Blancs aisés et bien mis, la silhouette du géant noir incommodait. On ne savait plus comment le regarder. Quelques femmes, la plupart portaient un tailleur chic, sortirent un mouchoir parfumé, et se tamponnèrent délicatement le visage, mettant en cause le chauffage excessif.

- Mesdames, Messieurs, dit Soroporo en s'épongeant le front, j'essaierai d'être bref. SOS Racisme s'est toujours tenu à vos côtés pour combattre l'antisémitisme et favoriser le dialogue intercommunautaire. Notre association apportera tout son soutien à la rencontre sportive entre Israéliens et Palestiniens. C'est un événement important pour développer la compréhension mutuelle. Je ne vous cache pas que des tracts tendancieux circulent dans les milieux « progressistes » pour dénoncer une opération médiatique, sous prétexte que les joueurs palestiniens, interdits de sortie, retourneront à leur situation antérieure. Mais ils n'ont rien compris au symbole. Nous combattrons ces ennemis de la paix, et ferons en sorte que de nombreux jeunes issus de l'immigration y assistent. J'ai contacté notre ami à tous, le maire de Paris. Monsieur Delanoix m'a promis des navette gratuites entre le stade et divers quartiers. Ce sera un grand succès. Je vous remercie.

Les réserves s'estompèrent. Les applaudissements furent convenables. On semblait surpris, presque soulagé, par une intervention claire et sans fausse note.

Les applaudissements diminuèrent lorsque Robert Têtard se leva, à l'invitation du président. Ce qui les gênait, c'était d'abord sa tenue et sa barbe de trois jours. Et puis ils se rappelaient sa façon de toujours vitupérer à la télévision. Rarement contre les Américains et les Israéliens, certes. Mais ses références enragées aux droits de l'homme l'assimilaient a priori aux critiques d'Israël. On n'appréciait pas trop, de manière générale, la dérive « droit-de-l'hommiste ». Avec sa veste informe sur un tee-shirt noir, le président de RSF piaffait d'impatience.

- Bonsoir. Je suis heureux d'être parmi vous. J'admire beaucoup le Bnaï Brit. J'ai des relations particulières avec l'organisation aux Etats-Unis. Ces gens se battent pour la démocratie et la liberté, en Amérique, et partout dans le monde. Je leur suis reconnaissant pour l'aide qu'ils apportent à Reporters sans frontières. Aussi, c'est avec un grand plaisir que je soutiendrai la rencontre sportive israélo-palestinienne. C'est un pas important pour la paix. RSF mobilisera toutes ses relations dans le monde des médias pour que l'événement bénéficie d'une couverture considérable et objective. Y en a marre des reportages partiaux. Il ne faut tout de même pas oublier qu'Israël possède une des presses les plus libres du monde. Rien que ce fait en dit assez sur la vocation démocratique du pays. Malgré les risques, les autorités israéliennes permettront aux jeunes Palestiniens de sortir et de retourner sans encombre chez eux, et se feront accompagner par deux journalistes des territoires, dont ce sera la première mission à l'étranger. Nous recevrons ces confrères, et leur expliquerons que seul le dialogue peut faire avancer la paix. Qu'on ne se trompe pas d'adversaire. Notre ennemi est l'extrémisme. Merci.

Les paroles avaient touché, malgré un débit belliqueux. L'approbation fut générale. Mais les regards demeuraient interrogateurs. Qui pouvait garantir le maintien de cette politique courageuse ?

L'ambiance changea radicalement dès que le président eut prononcé le nom du troisième invité. Les applaudissements crépitèrent. Les visages rayonnaient. Les femmes remisèrent leurs mouchoirs. On oublia le buffet et la chaleur. Ce bel homme dans la soixantaine, à la chevelure argentée et abondante, habillé d'un costume bleu, les ravissait. Une telle présence tenait de la magie. Voilà un journaliste digne de ce nom, fidèle à ses convictions. Jamais la moindre concession aux idéologies en vogue, de la repentance à un progressisme de bon aloi. Parmi l'assistance, les pieds-noirs étaient particulièrement émus. En souvenir d'une Algérie mythique qu'il n'avait cessé de défendre. Et puis, qui ne se souvenait de son fameux « Droit de savoir » consacré à une patrouille de *Tsahal* dans les territoires ? Bravant la pensée unique, le reportage s'était attaché à suivre un groupe de soldats dans leur mission périlleuse mais nécessaire. S'infiltrant de nuit dans des maisons palestiniennes, reléguant leurs habitants au fond d'une pièce – la guerre hélas ! avait ses exigences – déployant leurs armes sophistiquées, attendant patiemment l'apparition de l'ennemi pour l'abattre. Sans états d'âme. Les soldats faisaient leur devoir. C'étaient des jeunes gars, beaux et sensibles, durs et vulnérables, loin du cliché de l'occupant arrogant et brutal. De retour à la base, mission accomplie, ils redevenaient des jeunes comme à Paris ou à Londres, évoquant leurs amours, au rythme de la musique rock. La communauté juive en rêvait, un journaliste goy l'avait fait.

Charles Vil-Neuf savourait son triomphe. Visage bronzé, sourire radieux. Malgré son âge, les femmes le dévoraient des yeux.

- Chers amis, merci, merci beaucoup pour votre accueil. Vous pouvez imaginer à quel point je suis heureux de me retrouver parmi vous, de partager les mêmes émotions. Vous savez, quand MST m'a appelé, je n'ai pas hésité une seule seconde. Cet événement allait devenir ma première priorité. Notre rêve, c'est que la paix s'installe là-bas, qu'Israël soit enfin reconnu et accepté. Merci. Il est tard. Permettez-moi d'ajouter quelques mots. J'ai mis le Parc des Princes à la disposition des organisateurs. Les sandwichs et les boissons seront offerts par le club. Nous offrirons également la logistique télévisuelle.. Pour que la fête soit totale. Vive l'amitié France-Israël !

Les membres de la loge Ben Gourion se levèrent spontanément. Des applaudissements nourris éclatèrent. Oubliant le buffet, ils se précipitèrent vers la tribune. L'euphorie était indescriptible. On se congratulait. Un bonheur incommensurable. On n'en revenait pas de ces cadeaux du ciel.

Même le président se laissait gagner par l'allégresse générale. Délaissant sa réserve habituelle, Richard échangeait poignées de mains et embrassades. Il semblait faire intimement corps avec le groupe.

D'abord surprise, Viviane Weil fut enchantée de voir son mari retrouver sa bonne humeur. Elle se permit un geste de tendresse. Et c'est main dans la main que les Zerbib montrèrent le chemin vers le buffet.

5

Florence Meyer se laissait bercer par un concerto de Vivaldi. La légèreté la gagnait, et lui faisait oublier ses dernières hésitations. Il avait cessé de pleuvoir. Les lumières dansaient sur la chaussée mouillée.

Lorsque Youssef lui avait parlé de ces soirées, sans l'inviter expressément, elle avait montré une curiosité mitigée. Entre eux, ces échanges ne donnaient pas lieu à récriminations. La liberté de chacun était intouchable. Même les sacro-saintes soirées du week-end échappaient aux sorties fatalement communes.

Intérieurement, l'ironie prenait le dessus. Peut-être venait-elle de découvrir une faille dans la modernité de son compagnon. Youssef et ses amis se réunissaient une fois par mois pour une soirée « arabe ». Et pour éviter toute déconvenue, au cas où, il lui avait précisé que tout obéissait à ce principe : musique, cuisine, et convivialité. Un « étranger » proche pouvait être invité, à condition de s'y soumettre.

« Sans moi », avait pensé Florence. Elle se souvenait encore de son jugement tranché. Avec en prime le retour en force de certains préjugés. « Décidément, les Arabes ne pouvaient s'assimiler comme les autres ».

Ce fut le déjeuner avec les frères qui la fit changer d'avis. En particulier Rachid Elayani. Un beau brun aux yeux clairs. D'un raffinement inouï. Intelligent et drôle, il était à l'aise dans tous les registres. Il s'étonna qu'on ne la vît jamais à une de ces soirées.

- Tu devrais venir. On s'amuse bien. La prochaine aura lieu chez ma sœur. Mais nous avons établi quelques principes.

- Je les connais, affirma Florence.

- Tant mieux. Je ne sais pas encore si ma copine Hélène sera là. Alors, c'est d'accord ?

Il dégageait une telle force de conviction qu'elle répondit par l'affirmative. Avec lui, la soirée ne pouvait pas mal se passer. Les aspects « arabes » ne devaient pas être aussi terribles.

Ils s'étaient donné rendez-vous dans l'appartement. Florence suivit les indications, sonna à la porte. Lorsqu'on lui ouvrit, elle eut un mouvement de recul, faillit s'excuser et faire demi-tour. La jeune femme avait les traits fins et des yeux clairs. Mais son visage était encadré par un voile. Florence pensa d'abord à une erreur d'appartement. Et puis une angoisse diffuse. Ce déguisement faisait-il partie du cérémonial ?

- Vous êtes Florence ?

- Oui.

- Eh bien, entrez ! Soyez la bienvenue ! Je m'appelle Khadija Elayani.

Elle l'embrassa avec chaleur.

- Je comprends votre surprise. Mon frère n'a rien dû vous dire. Ce petit mécréant, dit-elle avec indulgence.

Du salon, on pouvait suivre la scène. Khadija l'invita à retirer ses bottillons, et prit son manteau.

- J'ai apporté une bouteille, déclara Meyer en ouvrant son sac.

Des exclamations joyeuses fusèrent de l'intérieur. Khadija fit une moue résignée.

- Je crois que j'ai fait une gaffe.

- Ce n'est pas grave. On ne vous a rien dit. Cette andouille de Rachid !

On l'accueillit avec effusion. Présentations et embrassades. Florence portait un pantalon fuseau clair, et un chemisier foncé. Elle s'assit sur un pouf, à côté de Youssef, et s'efforça de garder un air détaché.

- Des mains innocentes ont apporté ce divin breuvage que les fanatiques nous refusent. Que le ciel bénisse notre nouvelle invitée !

Rachid brandissait la bouteille de vin comme un trophée. Florence avait du mal à garder son sérieux. Seul parmi les hommes, il portait une magnifique djellaba crème et un tarbouche. Son sourire désamorçait toute moquerie. Il semblait aussi à l'aise, comme si c'était sa tenue habituelle. Se sentant un peu coupable, Florence tenta de le dissuader.

- Pour une fois, on peut s'en passer. Respecte les convictions de ta sœur.

Elle s'abstint de faire appel, devant les autres, à son éthique maçonnique.

- Mais je les respecte, ma chère. Je ne l'obligerai pas à boire.

- Manquerait plus que ça, rétorqua Khadija.

- D'ailleurs, poursuivit Rachid, j'étends ma tolérance aux autres femmes. Je comprendrai qu'elles y renoncent par solidarité féminine. Une bouteille pour nous quatre, c'est un minimum.

- Je renonce volontiers, dit Florence, sous le regard reconnaissant de Khadija.

Les trois autres femmes l'imitèrent. Avec un culot désarmant, il demanda à sa sœur un tire-bouchon et quatre verres. Khadija se leva de bonne grâce. Elle ne pouvait lui en vouloir longtemps. Florence se tourna vers son compagnon.

- Pourquoi, dans ces conditions, faire la soirée chez Khadija ?

- Parce que chacun l'organise à son tour.

- Même chez toi ?

- Bien sûr ! Puis comprenant l'allusion, Youssef ajouta : Ma mère vient m'aider. Ça arrive une fois tous les 9-10 mois.

- Pourrais-je vous inviter ?

- Pourquoi pas ? Mais comment ferais-tu ?

- Je demanderai à Khadija.

- J'ai l'impression que vous allez bien vous entendre.

- Je pense aussi. Elle a l'esprit large. Et quelle classe !

- Si tu l'avais connue avant !

- Depuis quand… ?

- Deux ans.

- Eh bien ! Au fait, pourquoi t'as pas mis une djellaba ?

- Ça t'aurait vraiment plu ?

Avant de répondre, elle sembla prendre conscience de la musique. Ce n'était pas ce qu'elle redoutait. À quelques nuances près, cela ressemblait à la musique de la Renaissance. Des variations pour deux luths.

Youssef en djellaba ! Auparavant, cela l'aurait mortifiée. Maintenant elle en comprendrait le sens. Et même, le vêtement en imposait.

Elle regrettait presque que les autres n'aient pas suivi l'exemple de Rachid. Même parmi les femmes, seule une portait un caftan brodé. Layla l'avait saluée à la manière maçonnique. « Une sœur du DH », lui avait glissé Youssef.

L'atmosphère était détendue. La conversation agréable, émaillée de formules en arabe. Le courant passait bien.

Meyer admirait la décoration orientale. Tapis, soieries et boiseries formaient un ensemble harmonieux. Elle reconnaissait des objets ou des illustrations, mais cela n'avait rien à voir avec le bric-à-brac de son ami.

Khadija alla chercher un plateau chargé de hors-d'œuvre et de jus divers. Elle glissait avec légèreté, mince et gracieuse. Le visage illuminé d'un sourire énigmatique. Elle portait une espèce de tenue indienne, vaguement orangée. Elle servit les femmes, ignorant les hommes qui dégustaient leur vin. Et se retrouva à côté de Florence.

Le buste droit, les gestes mesurés, Khadija encourageait les invités avec des formules traditionnelles, et réservait à sa voisine une invite silencieuse mais éloquente. Florence était sous le charme. L'imaginaire autour des femmes voilées devenait soudain inepte. Elle se désolait d'un reste de préjugés.

L'amie de Rachid ne venait manifestement pas. Florence s'était accrochée à cette présence pour se sentir moins isolée. Mais finalement, l'intégration se faisait en douceur.

La musique changea d'un coup. Après une introduction instrumentale, une voix masculine s'éleva, chaude et mélodieuse, avec des trémolos interminables. « C'est un grand chanteur égyptien des années cinquante, expliqua Khadija. Farid, c'est facile à retenir. »

Florence tentait de se laisser séduire. Les autres devaient apprécier inconsciemment. Ils discutaient sans y prêter attention.

- Ça vous plaît ?

- Ça pourrait me plaire. C'est plaisant, mais un peu trop… romantique. Et comme je ne comprends rien.

- Les paroles n'ont rien d'extraordinaire. À l'époque, ça rendait les foules hystériques.

Khadija la regarda un moment. Ses yeux clairs avaient une séduction irrésistible.

- J'en veux à Youssef de vous avoir en quelque sorte séquestrée tout ce temps.

Florence soutenait sans déplaisir son regard.

- Pour être honnête, il m'en avait déjà parlé. Mais je craignais de ne pas être à l'aise. C'est Rachid qui m'a convaincue.

- Il aura au moins fait une chose de bien ce soir.

- Vous ne le pensez pas sérieusement ?

- Bien sûr que non. Je l'adore. Où l'avez-vous rencontré ?

- Nous avons déjeuné chez Youssef il y a quelques jours. Il y avait aussi Kader.

- Ah ! Vous êtes aussi… comme eux… comme Layla… dans ces organisations un peu secrètes.

- Oui. Je suis franc-maçonne.

- Je ne l'aurais pas cru.

- Pourquoi ?

- Ils ont l'air de comploter tout le temps. Et je ne vous vois pas dans ce rôle.

- C'est un mythe. Certains francs-maçons aiment bien cultiver ces mystères. Et les médias en rajoutent.

- Vous me donnerez des tuyaux pour les contrer.

C'était évidemment contraire au culte du secret, à toutes les règles érigées en dogmes. Mais ses yeux, son ingénuité ! Florence succombait délicieusement.

- Je vous affranchirai, dans la mesure du possible. La maçonnerie a quand même du bon. C'est grâce à elle que je suis arrivée jusqu'ici.

- La main du destin !

Florence marqua à peine sa surprise.

- Peu importe ! Excusez-moi, je dois retourner à la cuisine.

Elle s'offrit de l'aider, et fit le geste de se lever, mais la main de Khadija l'arrêta.

Meyer se sentait mieux disposée pour s'intéresser aux autres. Youssef était en pleine conversation avec Kader Mazouzi. Ils discutaient enseignement. Rachid évoquait les procédures prud'homales avec les Tozi. Fadela et Ali formaient le seul couple de la soirée. Meriem Benali expliquait à Layla les symptômes de quelque maladie infantile. À part elles, tout le monde fumait.

Jusqu'au déjeuner chez Youssef, Florence considérait son compagnon comme très politisé. Mais le professeur d'économie le dépassait. Il était assez virulent, et privilégiait les solutions radicales. Il avait appuyé la création d'une loge arabe, le plus rapidement possible, avec une orientation militante. Mais Rachid, toujours souriant, l'en avait dissuadé. C'était tomber dans le piège de l'extrémisme, et apporter de l'eau au moulin de leurs adversaires. Il avait suggéré, comme première étape, de visiter en masse la loge des Juifs, et d'y apporter la contradiction. Sa proposition fut adoptée. Consultée, Florence avait accepté de les accompagner.

Les Tozi étaient aussi les seuls à avoir dépassé la barre des quarante ans. Ali travaillait à RFI. Sa femme journaliste free-lance.

Tout le monde étant pris dans des apartés, Meyer porta son attention sur la musique. Une voix féminine venait de succéder à Farid. La chanteuse avait un volume exceptionnel. Sans rien comprendre, elle eut l'intuition que ses paroles avaient plus de profondeur.

Khadija revint avec un tajine. On vida la table pour le poser. Des exclamations fusèrent lorsque le couvercle, en forme de cône, fut retiré. Les parfums qui s'en dégageaient étaient délicieusement épicés. La maîtresse de maison coupa un grand pain rond, et disposa les morceaux autour. Il n'y avait pas de couverts. On prononça des formules avant de plonger le pain dans la sauce.

- Pas de panique, expliqua Khadija. On le fait pour retrouver les sensations d'antan, et le sens du partage. Je te montre, mais si tu veux, je t'apporte un couvert.

Pour toute réponse, Florence prit un bout de pain et, imitant les autres, attrapa une tranche de courgette. La chaleur la surprit, puis le goût l'emporta. L'essentiel était de ne pas se tacher. Khadija lui glissa un morceau de viande. Elle s'en saisit. La nourriture lui parut autrement plus délicieuse. Certains suivaient discrètement son initiation.

Les formules s'espacèrent pour laisser place aux conversations habituelles. On ne s'arrêtait pas d'un coup de manger. On marquait une pause, puis on replongeait dans le tajine, pour une ultime bouchée. Comme si on regrettait déjà un si bon plat. Jusqu'à l'arrêt total.

Khadija reprit le tajine, et rapporta un bol artisanal, rempli d'eau tiède, avec des rondelles de citron, pour les doigts.

Des cigarettes furent allumées. Le contentement était général. Mais les hommes se regardaient, ressentaient un manque.

- Ah, que ne donnerai-je pour un verre de vin ! s'exclama Rachid, d'un ton qui se voulait pathétique.

Sa sœur haussa les épaules, la moue désabusée.

- Pourquoi les hommes sont plus accros ?

- Parce que les femmes sont les gardiennes du foyer, et des traditions.

Le ton de Rachid fit rire l'assistance.

- N'empêche que c'est un fait, affirma Fadela. La question de Meriem est pertinente. Je l'avais souligné dans mon article dans *Le Courrier de l'Atlas*, il y a environ un an. Souvent d'ailleurs, les hommes boivent dehors mais pas chez eux.

Un silence s'ensuivit. C'était une question cent fois débattue. Et puis, sans boisson, elle avait encore moins d'intérêt.

- Pourquoi ne ferais-tu pas un papier sur SOS Palestine ? demanda Khadija. Cela nous fera connaître.

La suggestion réveilla l'ardeur de Youssef.

- C'est juste. On doit contrebalancer la propagande adverse. Il faut utiliser tous les canaux.

Elle relança en expliquant :

- On a déjà du mal à exister. La Préfecture n'a reconnu l'association que sous la menace d'un recours administratif. Sans compter quelques harcèlements. Nous avons demandé une subvention, pour la forme, mais elle a été rejetée.

- Alors que n'importe quelle association de quartier reçoit des milliers d'Euros.

- Et que dire de SOS Racisme ?

- Des vendus ! cria Kader. Ils recueillent des subventions de toutes parts : de Paris, du gouvernement, de l'Europe.

- Ce sont les chouchous du système, rigola Rachid.

- Et comment ! Des socialistes à la droite, des organisations juives et des sionistes, et même des pro-américains.

- Quand on sait par qui ils ont été créés !

- Joey Starr a raison. Nous devons créer nos propres organisations antiracistes.

- Je vous raconte la dernière, confia Khadija. Notre présidente a été reçue par un membre du cabinet de Delanoix. Il lui a expliqué que notre nom pouvait prêter à polémique, et ne favorisait pas l'apaisement. Et que, si on le changeait, par exemple en « Paix en Palestine », l'association toucherait une subvention annuelle de dix mille euros. « Et SOS Tibet ? rétorqua notre présidente. La Mairie était derrière à 100% ! » « Enfin, ce n'est pas pareil ! » avait soutenu le fonctionnaire.

- Manifestement, ils ont la trouille que ça devienne un cri de ralliement.

- C'est incroyable, murmura Florence.

Khadija lui sourit. « Ça va aller », semblaient dire ses yeux. Puis elle revint vers Fadela. Ali comprenait ce qu'elle attendait de sa femme.

- Tu sais que nous sommes de tout cœur avec toi, Khadija. Nous faisons le maximum pour faire avancer la cause. Mais Fadela ne peut pas écrire dans *Le Courrier de l'Atlas*. Enfin, je le déconseille. Depuis sa création, ce magazine parle surtout de sujets de société. C'est intéressant, mais sur le plan politique, ils s'alignent quasiment sur l'Occident. Ce sont des Arabes « modérés », comme on les aime dans les médias, c'est-à-dire ceux qui se couchent. Cela ne me surprendrait pas que le magazine soit financé par des capitaux du Golfe. Si Fadela écrit un papier, elle le fera sans concession. *Le Courrier* le refusera, et elle sera grillée.

Ali Tozi faisait figure de patriarche. Il avait déjà deux enfants au collège. Fuyant l'Algérie des années sombres, il mit du temps à se stabiliser, jusqu'à son intégration à RFI. Son essai sur le visage nouveau de l'impérialisme le sortit de l'anonymat. Il avait rencontré les trois francs-maçons lors d'un débat sur la Palestine organisé par *Le Monde Diplomatique*.

Comme personne ne réagissait, il poursuivit :

- L'intervention de la Mairie ne me surprend pas. N'oubliez pas les positions constantes du Maire en faveur d'Israël. SOS Palestine pourrait devenir une question sensible. Elle en a le potentiel. Nos ennemis ne s'y sont pas trompés. Attention ! Ils sont très malins.

Ali but un verre d'eau en faisant la grimace.

- Nous vivons une période difficile, reprit-il. Le gouvernement français est totalement acquis à Israël. Le président se comporte comme un agent sioniste. Les médias publics sont verrouillés. À RFI, on vient de licencier un troisième rédacteur en chef. Le premier, vous vous en souvenez, avait évoqué la pureté du peuple élu en citant des passages de la Bible. Le second parce que sa proximité avec le monde arabe le rendait suspect. Le dernier a été éjecté pour non-respect des consignes du Quai d'Orsay. Alors, tenez-vous bien. On doit remplacer « mur de séparation » par « barrière de sécurité », « colonies » par « implantations ». La capitale d'Israël est Jérusalem. Même si c'est en violation de toutes les résolutions internationales. Je suis abasourdi par la puissance du lobby juif. Il dicte quasiment la politique proche-orientale de la France et de l'Europe.

Un silence pesant suivit ses paroles. Elles faisaient d'autant plus d'effet que Ali n'élevait jamais la voix. C'était un constat. Tout le monde en convenait. Ils appréhendaient toujours ce moment où la réalité allait les rattraper.

Les explications étaient superflues. Chacun ruminait ses pensées, en s'appliquant à éplucher un fruit, ou à fumer le regard dans le vague.

Ceux qui avaient connu leur société d'origine, ou entretenaient encore quelques liens, revivaient cette tare chronique qui les bloquait. L'écheveau inextricable de lâchetés et de fatalités conduisait à un sentiment d'impuissance, comme une muraille infranchissable, contre laquelle venaient buter les volontés les plus déterminées.

Il leur était alors facile de critiquer ces défaillances d'un autre âge. Eux vivaient dans une société ouverte, sans tabous, où la critique n'épargnait rien : sexe, famille, religion, avec même parfois des excès qui les embarrassaient. Mais c'était le prix à payer pour une liberté réelle, sans limites.

Sauf un domaine. Les Arabes l'apprenaient bien vite à leurs dépens. C'était pour le moment une bataille ingagnable. Le racisme et la discrimination, ils en viendraient à bout. Mais pas l'impérialisme israélien.

Deux poids, deux mesures. On pouvait tout invoquer : les droits de l'homme, les résolutions internationales, Amnesty, les conventions de Genève, le droit des peuples, le TPI, les sanctions, le boycott, la mise au ban, les Etats voyous, l'axe du mal. Tant qu'il s'agissait de pays douteux, turbulents, ou aux franges de la civilisation judéo-chrétienne. Tout était envisageable. Sauf pour l'Etat juif. Pas touche ! Bas les pattes ! Le parquet poursuivait même l'insensé qui mentionnerait l'éventualité d'un boycott, pourtant légitime, au regard des violations du droit international. Une mesure qui avait conduit à la fin de l'apartheid.

Une terrible épée de Damoclès était suspendue sur la tête de ceux qui croyaient encore à l'égalité des Etats devant le droit international. L'accusation suprême, l'injure absolue. D'ailleurs, à force de matraquage médiatique, on avait fini par la faire admettre, comme allant de soi. Toute critique « exagérée » d'Israël équivalait à de l'antisémitisme.

Pour eux, on réservait un traitement spécial, bien rodé, effrayant. S'ils sortaient du consensus, ou approuvaient toute forme de résistance armée face à l'occupation, on les taxait d'islamistes, d'extrémistes, voire de terroristes.

Ils se connaissaient suffisamment pour s'épargner les litanies de l'impuissance. Un mauvais moment à passer. Ils en avaient l'habitude. Pour secouer l'inertie, Khadija proposa un thé à la menthe.

- Montre-moi comment tu fais, demanda Florence.

Elle était heureuse de se retrouver seule avec Khadija. Et soulagée d'échapper au malaise général.

La cuisine sentait bon les herbes et les épices. Tout était bien ordonné. En dehors des appareils habituels, il y avait divers ustensiles d'origine orientale. Meyer se rappelait l'avoir tutoyée spontanément, et restait dans l'expectative.

Khadija mit l'eau à chauffer, posa des verres colorés sur un plateau argenté, introduisit une pincée de thé vert dans la théière, et sortit une boîte en plastique du réfrigérateur.

- Sens ! De la menthe. De cette façon, elle reste fraîche plusieurs jours. Tu aimes ce thé ?

- J'aime beaucoup. Mais je n'ai pas le matériel.

- On ira l'acheter ensemble.

Depuis le début, c'était Khadija, la femme voilée, qui lui avait montré le plus de sympathie, plus que les femmes occidentalisées, plus que la franc-maçonne. Et qui lui rendait sans façon son tutoiement.

- Dans ce cas, tu viendras chez moi pour l'inaugurer.

- Avec plaisir. Mais as-tu pensé aux voisins, aux qu'en dira-t-on ?

Khadija montra le voile en souriant. Puis soudain elle le retira. Une chevelure noire, abondante, se répandit sur ses épaules. Florence en avait le souffle coupé.

- Et… si quelqu'un venait ?

- Les hommes, quand ils sont invités, ne mettent jamais les pieds dans une cuisine.

- Je peux ?

Elle caressa légèrement les cheveux. Tant de beauté sous un voile ! Elle ne savait que penser. Toutes sortes d'interrogations la pressaient.

- Tu viendras comme tu as envie. Je me fiche de l'opinion des gens.

- Bravo !

- Ça ne doit pas être facile tous les jours.

- Au début. Mais c'est une bonne école de résistance. Et j'ai presque autant de mal avec mes coreligionnaires. T'as bien vu.

- Et le travail ?

- Je suis avocate. Je travaille avec mon frère. Beaucoup viennent me consulter parce que je suis pratiquante. Mon boulot est comme une mission pour aider les gens. Le chemin est long pour abolir les discriminations.

Un léger sifflement provenait de la bouilloire. Khadija remit soigneusement le voile. Le sifflement devint strident, puis s'éteignit. Elle remplit la théière, laissa infuser. Mais avant de se saisir du plateau, elle se tourna vers Florence :

- J'apprécie ta discrétion. Le pourquoi du comment. Ça me ferait plaisir d'en parler avec toi une autre fois.

6

La vue de l'immeuble lui fit prendre conscience des recommandations de son président. C'était un immeuble ancien, en pierres de taille, respirant l'aisance et la tranquillité. Les appartements devaient être immenses. Il n'y en avait qu'un par étage. Moulay Elbali retira promptement le foulard à motifs palestiniens, se protégeant la gorge avec la main. Le visage face à la caméra de surveillance, il sonna et déclina son identité.

L'ascenseur le mena jusqu'au cinquième étage. Un système de caméras balayait le palier et les escaliers jusqu'au rez-de-chaussée. Elles ne s'enclenchaient que lorsque l'ouverture de l'immeuble était actionnée par les occupants du cinquième. Les copropriétaires s'étaient montré compréhensifs. Il est vrai que le maire de Paris leur avait écrit personnellement. Et Pierre Le Louch, le député-maire du neuvième, s'était porté garant de leur sécurité. La moindre alarme était répercutée dans le commissariat le plus proche, avec ordre de s'y rendre en force toutes affaires cessantes.

Une jeune fille lui souriait. Brune, les cheveux noirs, avec des rondeurs appétissantes. Arielle Schwul se présenta et lui fit la bise. Il la suivit en fixant machinalement sa croupe. « Aussi jolie qu'une beurette, mais… » soupira-t-il. Puis un peu honteux, ou craignant d'autres caméras, Elbali détourna son regard.

La salle où devait avoir lieu la réunion était gigantesque. Cinq hautes fenêtres donnaient sur la rue. Entre elles, un drapeau israélien fixé au mur. « Et dire que c'est seulement le salon ! »

- Sois le bienvenu, Moulay ! On n'attend plus que Mamadou.

Elbali avait déjà rencontré le président de l'UEJF. Raphaël Nabab était grand, un peu empâté. Sa sensualité naturelle aurait pu accentuer son penchant à la mollesse. Mais ses fonctions en firent un vrai leader.

On lui présenta les autres membres de l'Union des étudiants juifs de France. Elbali serra la main à Jonathan Sahyoun, fit la bise à Jacqueline Bensuçon. Mais lorsque Audrey Moutomann se leva, il faillit défaillir. Une grande blonde, d'une beauté à couper le souffle. « Il y a des Juives comme ça ! » Puis il passa à ses collègues de SOS Racisme, assis de l'autre côté de la table ovale.

Arielle faisait la navette avec la cuisine, rapportait boissons chaudes et froides. « Comme une fille de chez nous ». Pendant que Moutomann fumait négligemment. Elbali laissait errer son regard, sauf dans sa direction.

Certaines confidences commençaient à prendre sens. Il n'avait intégré le bureau de son organisation que depuis deux mois. On chuchotait à propos de « la blonde », « le canon », « la bombe sexuelle de l'UEJF ». Il avait cru comprendre que Mamadou Soroporo en était fou, mais qu'elle l'avait rembarré sans ménagement. Question d'atomes crochus, peut-être, mais cela pouvait aussi corroborer l'opinion de son amie Fatia sur les cloisonnements ethniques.

On conversait allègrement. Elbali faisait profil bas, mettant beaucoup de soin à rouler ses cigarettes. Il avait conscience de l'importance d'être là. Ne venait aux réunions communes qui voulait. Il y eut probablement des tractations. « On » avait apparemment besoin d'un « Maghrébin ».

Guillaume Bagne faisait son numéro. Beaucoup d'esprit avec un brin de condescendance. « Quel bourge ! ». Fils de « bobos », en année préparatoire de l'ENA, joli cœur, élégamment négligé. Ses parents l'avaient encouragé à militer à SOS Racisme dès le lycée. C'était bien sur un CV. Et ils en connaissaient quelques figures historiques. Guillaume ne pouvait qu'atteindre une vice-présidence, sans espoir de s'élever au sommet. Avec une feinte indifférence, il tentait de toucher le cœur de la belle Audrey. « A-t-il la prétention d'être unique, ou bien l'exception religieuse ne valait-elle pas pour les Français de souche ? »

En tout cas, les filles semblaient sous le charme. D'autant plus conquises qu'elles n'avaient rien à sacrifier. Même Moutomann lui concédait un sourire de faveur. Il ne représentait pas encore une cible idéale.

Raphaël regarda sa montre à la dérobée, fit la moue. Personne n'y prêta attention, sauf sa cousine. Bien qu'ayant pratiquement le même âge, et une tête en moins, Elodie Nabab le protégeait comme un petit frère. Elle avait réussi, à force d'intrigues, à lui coller sa meilleure amie. Au moins ne tomberait-il pas entre les griffes d'une goy. Les non-Juives avaient un charme et une liberté qui faisaient tourner les têtes. Et son cousin avait une propension à se laisser séduire. Même après ses études de gestion, et son premier poste dans une banque, elle avait cédé à son instance en intégrant SOS Racisme. Raphaël lui avait fait rencontrer Uri Sulitzer. On avait besoin de *sayanim* au sein de l'organisation antiraciste. Elle fut immédiatement intégrée au bureau, dans la section « orientation idéologique », et faisait régulièrement des rapports à l' « attaché culturel » de l'ambassade d'Israël. Toujours sur le qui-vive, le geste de son cousin ne lui échappa pas. Ils se regardèrent, échangèrent une mimique.

Elbali, qui n'était pas totalement accaparé par les enjeux relationnels, s'en aperçut, et en perçut instinctivement le sens.

À ce moment, une sonnerie se fit entendre. Schwul se précipita. Elle revint peu après avec le président de SOS Racisme.

Soroporo se débarrassa de son manteau. En costume beige et chemise mauve, il salua chacun, et s'assit en face du président de l'UEJF, non sans avoir jeté un coup d'œil appuyé à la poitrine de Moutomann. Celle-ci portait un pull à col roulé noir, hyper-moulant. Les cousins Nabab échangèrent un signe discret. Sa peau noire luisait de transpiration. Il sortit un mouchoir.

La conversation se ranima. Arielle repartit à la cuisine. Moulay se hasarda à regarder autour. En dehors de chaises empilées et de nombreux casiers, la pièce était vide. Il y avait un peu partout des photographies encadrées. Il n'osait pas trop les fixer. Mais il lui semblait vaguement qu'elles représentaient des personnalités et des paysages d'Israël.

Raphaël frappa un coup sur la table, en disant : « Mes amis ! ». Sans forcer. Le silence se fit rapidement. La plupart sortirent feuilles et stylos.

Sa cousine le regardait avec admiration. Quel changement en quelques années ! Son élection au bureau, puis à la présidence de l'Union, en avait fait un jeune homme à l'autorité incontestée. Il traitait d'égal à égal avec des personnalités de haut rang. Des offres de carrière alléchantes l'attendaient pour la fin de son mandat. Elodie avait seulement hâte qu'il officialise ses fiançailles. La façon dont Moutomann le regardait ces derniers temps lui déplaisait. Et son départ de l'UEJF ne lui permettait plus d'exercer une surveillance constante. C'est que la jolie blonde n'avait aucun scrupule. Elle changeait d'homme en fonction de ses intérêts, et ne dédaignait pas une aventure pour affirmer son pouvoir de séduction. Un constat malheureux. Cela lui faisait mal de l'admettre, mais si Audrey avait été juive à 100%, elle ne se serait pas comportée ainsi. La mère de Moutomann était une catholique d'origine autrichienne. Mais on admettait les demi-Juifs, en espérant leur intégration communautaire. Un renfort à ne pas négliger, par les temps qui courent.

- Avant d'entamer l'ordre du jour, annonça Raphaël, j'ai une bonne nouvelle à vous communiquer. On vient d'accorder à nos deux organisations une subvention exceptionnelle. L'argent, ça fait toujours plaisir, non ?

La délégation de SOS Racisme se montra soudain attentive. La trésorière, Cindy Lévy-Fisher, une « ex » de l'UEJF, espérait apurer les comptes. Guillaume Bagne aurait une anecdote à raconter en comité choisi. « Il ne peut s'agir que de plusieurs milliers d'euros, pensa Soroporo. On ne mégotera pas sur notre prochain voyage aux Etats-Unis. »

- L'Union européenne, à travers sa commission pour les événements à caractère pacifique et humanitaire et pour la compréhension entre les peuples, excusez-moi, mais ça méritait d'être cité, vient de nous attribuer la somme de soixante mille euros pour mener à bien le projet de rencontre sportive israélo-palestinienne. Elle vient évidemment s'ajouter aux diverses subventions obtenues par ailleurs.

Bagne émit un sifflement admiratif. Travailler avec les Juifs, c'était une vraie mine d'or. Lévy-Fisher se préoccupait de l'utilisation de ce bonus, car toutes les dépenses étaient déjà couvertes. Même le tournage du film ne leur coûterait rien. Le cinéaste Daniel Lecon, qui travaillait à ARTE, avait obtenu l'engagement financier de la chaîne. Mamadou espérait dégager dix mille euros supplémentaires pour ses frais de représentation. Quant à Elbali, c'était tout simplement au-delà de son imaginaire.

Raphaël avait d'abord été frappé par l'importance de la somme. Mais il n'en fut pas autrement surpris. C'est que, parmi les *sayanim* qui agissaient auprès de la Commission européenne, il y en avait un qui faisait des miracles.

François Simagray n'était pas un membre bien connu du parti socialiste, mais suffisamment influent pour se faire élire au parlement européen. C'était d'ailleurs sa mission lorsqu'il avait été recruté par les prédécesseurs de Sulitzer. On avait plus besoin de lui à Bruxelles. Dans son parti, tout était déjà verrouillé. Le politologue Pascal Boniffaccio l'avait appris à ses dépens, éjecté malgré sa réputation internationale. On ne critique pas impunément Israël au sein du parti socialiste français.

Grâce à son entregent, une délégation de parlementaires européens effectuait tous les trois mois un voyage d'« information » en Israël, financé par la Commission. Des pressions amicales balayaient les derniers scrupules. Les Communautés juives n'auraient pas compris leur pusillanimité face aux menaces sur la sécurité de l'Etat hébreu. Leurs déclarations finales montraient d'ailleurs que le message passait bien.

Nabab se souvenait encore de la réunion tripartite. François et lui-même buvaient les paroles du diplomate israélien.

- Cette rencontre sportive a une importance capitale. Au niveau médiatique s'entend. Il nous faut donner l'impression que les choses bougent, et que la paix peut se faire. Et puisqu'on est sur la bonne voie, toute forme de résistance ne fait que retarder le processus, et le décrédibilise. Cet événement doit marquer les esprits, dans le sens où le cœur du conflit est l'incompréhension entre les deux peuples. Nous y travaillons pour la réduire. À ce rythme, cela prendra deux ou trois générations. Le temps de rendre les faits accomplis irréversibles. Nous devons donc prendre l'initiative, avoir toujours un coup d'avance. Pour cela, François, tu essaieras de récolter une grosse somme. Pas seulement pour l'argent. À la limite, c'est secondaire. Mais la contribution financière de l'Europe est une manière de cautionner notre politique. Ils nous emmerderont moins avec les colonies. Une bonne partie de cette somme – je suggère les deux-tiers – devrait revenir à nos amis de SOS Racisme. Ce sont de bons auxiliaires. Ils méritent d'être récompensés. Mais ce sera à toi de le leur dire, Raphaël. Qu'ils sachent, qu'avec nous, ils ne manqueront jamais d'argent. Certaines choses doivent être rappelées de temps à autre.

Ils se souriaient. Leur complicité était profonde. Ils pensaient exactement la même chose. Les commentaires étaient superflus. Ils ne versaient pas, inutilement, dans le politiquement incorrect.

Nabab ménageait son effet à propos des dix mille euros supplémentaires pour SOS Racisme. Son ascendant sur Soroporo en sortira encore plus renforcé.

Que signifiaient dix mille euros ? L'argent n'avait plus la même valeur. Une année de présidence avait changé sa vie. Il était entré dans des réseaux insoupçonnés. Une ligne directe le reliait à Matignon et au ministère de l'Intérieur. Régulièrement invité aux réception du Quai d'Orsay et des ambassades amies. On l'avait admis avec les honneurs dans la plus grande loge du Bnaï Brit. Les grands patrons le consultaient. Les politiques cherchaient son onction.

Il découvrait avec gourmandise la face cachée des choses, les possibilités de manipulation, les coups de fil aux médias et les interviews arrangées, la toile invisible des vérités imposées.

Et une force de séduction prodigieuse. Le pouvoir agissait comme un aimant irrésistible. S'il n'avait pas été pris en main par son amie, et surveillé de près par sa cousine, il aurait pu changer de maîtresse chaque mois. En restant raisonnable. Mais pour une seule femme, il s'était laissé séduire, avec un arrière-goût de revanche.

Pendant une année, Moutomann lui avait montré sa posture favorite : celle de femme inaccessible. Alors que Raphaël n'avait rien demandé. Mais le « canon de l'UEJF » n'imaginait pas qu'un homme n'eût pas envie de la sauter.

Puis vint la nouvelle du voyage à Marrakech. Le président de l'Union des étudiants juifs de France faisait partie du gratin, convié par MST dans son avion personnel. Un week-end de quatre jours dans son riad de rêve. La liste des invités donnait le vertige.

Raphaël devint pour elle une espèce de demi-dieu, celui qui avait approché dans son intimité le seigneur de l'intelligentsia, le séducteur au magnétisme de velours, le confident des maîtres du monde. En se donnant à lui, elle espérait recueillir une part de cette gloire, et qui sait, un jour, s'en abreuver à la source.

Mais ce ne fut pas aussi simple. Nabab ne s'était pas précipité au premier sourire. Elle avait dû presque s'humilier. Mais le prix lui semblait si doux.

Ils devaient garder le secret. Chacun y avait intérêt. Raphaël regrettait parfois de ne pouvoir s'en prévaloir. Il s'imaginait racontant à Mamadou le corps interminable de la blonde, ses rondeurs et ses blondeurs, sa complaisance remarquable. Et le visage d'ébène transpirant à grosses gouttes. Il ajouterait à ses yeux la qualité de séducteur verni.

- L'UEJF a décidé, par la voix de son président, dit-il soudain en chassant ces images, de ne s'attribuer que le tiers de la subvention. Soit quarante mille euros pour SOS.

Ses camarade du bureau se le tinrent pour dit. Les membres de SOS Racisme exprimèrent leur satisfaction. Soroporo se devait de marquer le coup.

- Merci Raphaël. Merci à l'UEJF dont l'apport nous est indispensable. Nous poursuivrons sans désemparer le combat pour nos valeurs communes.

Nabab n'en demandait pas plus. Les choses étaient claires. Il espérait seulement que le nouveau venu avait commencé à saisir la réalité du rapport de force.

- Jonathan ! Aurais-tu quelque chose à ajouter sur la soirée du Zénith ?

Jonathan Sahyoun avait été le candidat malheureux face à Raphaël. En deuxième année de master en droit des affaires, il avait laissé passer sa dernière chance. La vice-présidence n'apportait que des responsabilités, sans le pouvoir. Il s'en fichait des cocktails et autres joyeusetés. L'essentiel lui passait sous les yeux. La notoriété et l'épaisseur du carnet d'adresses.

Et puis, il ne l'avait jamais aimé. Avec sa silhouette empâtée, et sa bouche sensuelle. Lui descendait d'une des grandes familles de Mogador. Alors que Nabab était le rejeton d'un affairiste du Sentier, d'origine tunisienne. On racontait même que son grand-père avait modifié son nom en arrivant en France.

Le passage à l'Union lui aura au moins appris une chose : Eviter d'avoir un supérieur. Il avait ainsi décliné la proposition de devenir *sayan*, ruinant ses chances d'entrer dans la direction de SOS Racisme. Aussi parce qu'elle émanait de Raphaël. Ce que celui-ci ne lui avait jamais pardonné.

- Deux ou trois choses, répondit Jonathan, en ignorant le ton du président. On a déjà dit l'essentiel. « Rire contre le racisme » fait désormais partie du paysage artistique. Le Zénith plein à craquer. Une trentaine d'artistes bénévoles. Couverture médiatique quasi générale. Les médias ont bien joué le jeu. Une mention spéciale pour *Charlie-Hebdo* et *Canal plus*. Leur sympathie pour notre cause ne se dément pas. On aurait aimé que d'autres médias, *Beur FM* par exemple, montrent un peu plus d'empressement. Mais c'est peut-être dû à l'absence d'artistes de type banlieue, maghrébins, blacks, rappeurs. L'idéal serait d'embarquer le *Djamel Comedy Club*, Joey Starr, etc. Là on serait plus crédibles. On touchera au-delà de notre public traditionnel. C'est tout un travail de terrain. Les moyens existent. Il manque l'ambition. Je pense que cette tâche revient à nos amis de SOS.

Jonathan partageait tout de même certaines choses avec Raphaël. Au nom de l'intérêt supérieur. Mettre continuellement la pression sur le président de l'organisation antiraciste. Lui montrer sa dépendance, et le faire cravacher dur, dans le sens voulu par l'Union. Le déconsidérer un peu plus aux yeux d'Audrey, même si par ailleurs il n'avait aucune chance. Les deux rivaux avaient toujours montré une réserve amicale vis-à-vis de la blonde, mais de l'imaginer écrasée sous le poids du Noir… Ils en oublieraient leur ressentiment.

Soroporo se sentit directement visé par les remarques de Jonathan. Un partage de tâches quasi « colonial ». À l'UEJF le Paris chic et les médias branchés. À lui et à son organisation les quartiers difficiles et des populations de plus en plus sceptiques, voire réfractaires. SOS Racisme perdait chaque année de sa crédibilité dans les banlieues. Au point que de nombreuses voix s'élevaient pour créer de nouvelles organisations antiracistes. Sa complicité avec l'Union des étudiants juifs de France, notoirement acquise à Israël, révulsait la plupart des beurs et des noirs. Ils ne comprenaient pas que leur organisation ignorât délibérément l'occupation israélienne, les violations des droits de l'homme, les blocus, les barrages, l'apartheid, les destructions, les confiscations, le maintien de tout un peuple sous une domination aussi cruelle qu'illégale.

Mamadou avait adhéré à l'organisation parce qu'il s'était fait tabasser sans raison par des policiers de la BAC. Pendant ses études de sociologie, il en avait gravi les échelons. On appréciait son intelligence et sa combativité.

Curieusement, on pouvait y parler de tout sauf de la Palestine. « C'est un problème étranger, disaient les responsables. Nous avons des préoccupations nationales. » Certains objectaient alors les campagnes en faveur du Rwanda, du Darfour, du Tibet, etc. Comme par hasard, ces militants ne progressaient plus au sein de l'association.

Les circonstances de la création de SOS Racisme lui revenaient en mémoire. Les *people* des années quatre-vingt, liés à la « Mitterrandie » et à la Communauté juive, dont certains tenaient encore le haut du pavé. Et après tout, en quoi cela le concernerait-il ? Comme le disait un ancien président, passé à un grand parti politique : « La Palestine, je m'en bats les c… » Eh bien, il avait fait du chemin.

Il y eut ensuite la découverte de Paris. Pas celui des Halles auquel il était condamné. Les appartements bourgeois, les réceptions, les voyages d'information. Et les indemnités. Et les femmes. De belles femmes blanches qui lui glissaient un numéro de portable.

On l'avait testé pour la présidence. Il avait montré le visage qu'on voulait voir. C'était la chance de sa vie. Ses prédécesseurs avaient bénéficié de situations exceptionnelles. Député européen, membre du bureau national du PS, responsable de l'intégration chez Publicis. Et puis, il s'était habitué au luxe. Les costumes en lin, le jacuzzi, les invitations aux spectacles, les missions en compagnie d'une attachée de presse. La vie avait pris un autre goût.

Bien sûr, tout n'était pas rose. L'idéal de la jeunesse s'était dilué. Mais l'exercice des responsabilités requiert de l'équilibre. Le plus gênant était ailleurs. Voir des femmes sortir un mouchoir parfumé devant lui. Sentir une sollicitude paternaliste. Etre traité comme un étalon clandestin. Mais l'humiliation la plus terrible venait de cette garce de blonde, qui le repoussait sans cesse, avec une expression sarcastique. Comment pouvait-il même imaginer qu'elle pût le faire avec lui ? Il s'épongea avant de répondre :

- Ce qu'a dit Jonathan n'est pas tout à fait conforme à la réalité. Dès les réunions préparatoires, SOS avait présenté son plan de bataille, incluant bien évidemment les artistes du *Djamel Comedy Club*, et d'autres. Je ne reviens pas sur Joey Starr. Vous connaissez ses positions. Il se trouve que la plupart d'entre eux avaient pris des engagements par ailleurs.

Soroporo se doutait bien de leurs motivations profondes, mais s'abstint d'y faire allusion. Ses partenaires juifs étaient d'une susceptibilité exacerbée.

Dès le départ, « Rire contre le racisme » était apparu comme une réplique à Dieudonné, l'humoriste qui avait osé railler, à la télévision, un colon ultra-orthodoxe dans les territoires occupés. Il fallait de toute urgence le discréditer. Accusé d'« antisémitisme », il fut mis à l'index, et boycotté par les médias. On manigança pour faire annuler ses tournées. Une mort professionnelle programmée. Le message aux autres artistes était on ne peut plus clair. Zone interdite. Les *sayanim*, nombreux dans le milieu artistique, avaient reçu des consignes claires de Sulitzer.

Et pour faire bonne mesure, on avait imaginé un événement annuel avec les artistes les plus populaires, pour montrer qu'on pouvait vraiment rire, dans la fraternité, sans ces références fatigantes à l'occupation et à la colonisation, ni sombrer dans une critique systématique contre un peuple qui a tant souffert et qui n'aspire qu'à la paix. Obtenir le Zénith fut un jeu d'enfant, de même que les subventions. Mais si les grands comiques ne pouvaient se dérober – lucides mais pas fous – les nouveaux, beurs et noirs, ceux qui auraient pu attirer les jeunes de banlieue, ne voulaient pas se compromettre.

Raphaël était loin de ces considérations. La solution devait résider dans une organisation plus resserrée. Une reprise en main de SOS Racisme s'imposait. La frustration d'une victoire pas tout à fait écrasante lui fit dire inopportunément :

- Tu me donneras le nom des artistes qui ont refusé de se produire au Zénith.

Non que l'idée même le rebutât. Après tout, comme disait Sulitzer : « Nous sommes en guerre. Tous les moyens sont bons. » Mais il n'avait pas à le faire dans une réunion commune, avec procès verbal. « Penser à demander à Jacqueline Bensuçon de l'effacer. »

Le ton et le sens n'échappèrent pas à Moulay Elbali. Derrière son attitude effacée, il continuait d'engranger les renseignements. Il était ambitieux, et cherchait à sortir de sa condition.

Nabab effectua un changement radical, montrant ainsi sa maîtrise et son sens politique. Il fit un large sourire à son vis-à-vis.

- Cher Mamadou, je te félicite. J'ai eu des échos à propos de ton intervention dans la loge du Bnaï Brit. Tout le monde a apprécié ton engagement pour la réussite de la rencontre sportive. Et ta patience d'être resté jusqu'au bout. Je n'oublierai pas.

Le compliment lui mit du baume au cœur. Bien qu'il le dérangeât quelque part. Mais il n'eut pas le temps d'y penser. Raphaël reprenait l'initiative, en véritable maître des opérations.

- Tout est en place, sauf sur un point. Et le temps presse. Il faut mettre du monde dans la tribune d'en face. Le défi est d'importance. On aurait pu prendre un petit stade. Mais le Parc des Princes a une telle charge symbolique. C'eût été idiot d'y renoncer.

Moulay se fit attentif. On n'allait pas tarder à le solliciter.

- Le problème, c'est la télé, poursuivit Nabab. Il serait bon qu'il y ait du public. De notre côté, nous pourrions mobiliser dans les deux mille personnes. Il en faudrait autant en face.

Puis, s'adressant directement à Elbali :

- Comment se passe la mobilisation dans le 9-3 ? C'est un département-clé. Il faut qu'on arrive à attirer suffisamment de jeunes.

Raphaël le jaugeait. C'était une épreuve importante. On pensait déjà à la succession de Soroporo. Des contacts étaient en cours pour lui trouver un point de chute. Il fallait un beur. Question d'alternance et de crédibilité. Elbali était l'un des trois candidats potentiels. Des enquêtes avaient été faites sur le port du foulard à motifs palestiniens. Il semblait que cela n'induisait aucune orientation extrémiste.

- Je ne peux pas faire d'estimation chiffrée, répondit prudemment Moulay. Nous poursuivons notre tâche. C'est la priorité dans toutes les sections.

- Qu'est-ce qui coince ?

- Oh, rien ! Enfin, si ! La municipalité nous ignore sur ce projet.

- Y a rien à attendre des communistes. Mais tous les autres nous soutiennent. Le conseil régional sera d'ailleurs représenté au stade.

- C'est que… les opposants semblent très déterminés. On n'a jamais vu ça. L'affaire prend des proportions inusitées.

Nabab le scrutait.

- Moulay ! Dis-nous ce qui se passe.

- Je peux vous parler franchement ?

- Bien sûr ! Entre l'Union et SOS, y a pas de secrets. Nous sommes comme des frères.

- C'est un avis personnel. Mais assez répandu, même parmi les militants. On aurait dû prévoir une affiche différente pour la banlieue.

- Qu'est-ce qu'elle a ? Il n'y a que des symboles de paix.

L'affiche montrait des jeunes, juifs et arabes, à peine différenciés, sur fond de paysage biblique bucolique, les deux drapeaux, et le mot paix en quatre langues, dont l'hébreu et l'arabe.

- C'est… comment dire ?… le drapeau bleu et blanc.

- Mais on a mis aussi le drapeau palestinien. Il est de la même taille. C'est l'égalité parfaite.

- Ecoutez, je ne parle pas pour moi. J'ai le drapeau israélien sous les yeux, ça ne me dérange pas. Du moment qu'on travaille pour la paix. Mais pour les jeunes du 9-3, c'est une vraie provocation. D'ailleurs presque toutes les affiches ont été lacérées.

Nabab appréciait la franchise de son interlocuteur. Une qualité plutôt rare. Mais n'était-ce pas une forme de ressentiment déguisé ? Il tentait de chasser une des sentences favorites de Sulitzer : « Avec les Arabes, on n'est jamais sûr de rien », et s'accrochait à sa préoccupation immédiate.

- Que peut-on faire, maintenant ? soupira-t-il.

Moutomann fumait, l'air pensif, la tête rejetée vers l'arrière. Sa poitrine semblait vouloir transpercer le pull, tendu à l'extrême. Le silence était chargé d'électricité. On faisait mine de s'absorber dans la résolution du problème. Elle se redressa soudain, écrasa sa cigarette dans le cendrier, s'humecta sensuellement les lèvres.

- J'ai une idée. On pourrait demander aux rectorats de banlieue d'organiser une sortie civique ce jour-là. N'est-ce pas la mission de la rencontre sportive ? Instaurer un climat de tolérance et faire progresser la paix ? Et puis, ça tombe bien. La rencontre a lieu à 16 heures. Si chaque lycée envoie deux ou trois classes, on atteindra plus ou moins l'objectif.

Ils la bouffaient des yeux, sous prétexte de s'imprégner de ses paroles. Le seul à y trouver une issue inespérée bondit de joie. Nabab oubliait toute retenue :

- Audrey, je t'adore ! Tu es superbe ! Quelle idée géniale ! Je te le revaudrai.

Quelque chose dans le regard trahissait une émotion particulière. Les interrogations intimes fusaient. Sa cousine était bouleversée. Elodie n'osait pas imaginer l'inconcevable. Mais Raphaël se ressaisit vite, coupant court à toute spéculation. Son esprit n'avait qu'une préoccupation unique.

- Je vais régler cette question tout de suite.

Il s'éloigna avec son portable, sélectionna le numéro privé de MST. Lui seul pouvait y arriver en un rien de temps.

7

En quittant le métro, Youssef El Kouhen ralentit délibérément le pas. La rue Cadet se rapprochait. Il consulta de nouveau sa montre. Il remonta la rue, puis revint sur ses pas. Certains magasins étaient ouverts. Il fit semblant de s'intéresser aux étalages. 20 heures moins quelques minutes. C'était contraire à son éthique. Il n'arrivait pas à se mettre en retard.

Il entra dans le bâtiment. On faisait la queue devant les *tuileurs*. Youssef murmura à l'oreille de l'un d'eux les mots de semestre. Celui-ci opina, et lui souhaita : « Bonne tenue, mon frère ».

Il embrassa d'un regard ému le grand hall. Toute préoccupation passait au second plan. Il avait conscience de pénétrer dans le panthéon de la franc-maçonnerie française. Ce n'était rien de moins que le siège du Grand Orient, défenseur de la République et de ses idéaux.

La première fois, il était venu tout intimidé, plein de folles espérances. Effleurant précieusement la lettre de convocation. On l'avait fait entrer dans une salle où d'autres hommes attendaient. Ils se tenaient gravement, comme avant un entretien d'embauche. Il avait ouvert un livre. Personne ne s'était adressé la parole. Quelqu'un était venu le chercher et lui avait bandé les yeux.

Maintenant il entrait de plain-pied, comme un membre à part entière, les décors de maître soigneusement pliés dans sa serviette, presque neufs, et pouvait circuler librement, aller au salon du premier étage, ou au restaurant du septième, partager cette ambiance bruyante et fraternelle, émaillée de rires et d'embrassades.

Il s'arrêta à l'entrée du bar. C'était encore l'affluence. Autour des tables, on discutait ferme. Ils appartenaient tous à la grande famille, polis au même moule. Mais aucun ne lui était connu. Il avait l'impression d'être un peu à part.

El Kouhen monta d'autres marches, puis un escalier en colimaçon. « Venir à reculons ». L'expression revenait de plus en plus souvent. Il soupira. Un vieux frère d'origine algérienne lui avait fait cette confidence, alors qu'il n'était qu'apprenti, avant de rejoindre une autre loge.

Des murmures lui parvenaient du temple 6. On était loin de l'ouverture des travaux. Il marqua un temps d'arrêt pour se donner une contenance.

Comme souvent, il s'interrogeait alors sur le cours du destin qui l'avait amené dans cette loge si particulière, alors qu'il y en avait des centaines sur Paris.

D'habitude on choisit son atelier, ou plutôt celui du parrain. Avec la probabilité de se retrouver en terrain familier.

Lorsque Youssef, séduit par une étude sur la franc-maçonnerie, décida de s'engager, se posa le problème du parrainage. Pas de francs-maçons dans son entourage. Ou bien ils ne se manifestaient pas. L'auteur précisait cependant qu'on pouvait envoyer une candidature spontanée. Ne connaissant pas grand-chose à la galaxie maçonnique, il avait adressé un courrier au Grand Orient, à cause de sa réputation progressiste.

Il se passa plus d'un mois avant qu'on ne le contacte. L'homme lui demanda s'il maintenait sa candidature. La voix semblait circonspecte, modérément chaleureuse. Il lui donna rendez-vous dans un café de la rue Cadet.

Ce fut sa première déception. Il avait imaginé un personnage haut en couleurs, jonglant avec les concepts culturels et idéologiques. L'homme devant lui était plutôt petit, rondouillard, rougeaud, fonctionnaire à l'urbanisme dans une ville de banlieue. Sa chemise débordait sur un pantalon tombant. Il lui posa quelques questions banales, et lui demanda certains documents administratifs. Il lui apprit enfin que trois autres personnes allaient le contacter.

Les raisons qui l'avaient amené à *France Unie* étaient plutôt prosaïques. Il le découvrira plus tard. La loge vivotait, au gré des démissions ou des exclusions. À défaut de séduire de nouveaux profanes, elle s'adressait au secrétariat de l'obédience pour récupérer les postulants isolés.

Masquant ses préoccupations, il pénétra dans le temple. Les frères discutaient par petits groupes, indifférents à l'horaire. Il eut la même impression qu'au bar, même avec ces visages devenus familiers.

Il se débarrassa du manteau, déposa sur un siège cordon, tablier et gants, et se demanda par quel groupe commencer.

Le groupe du fond le troublait. Autour du vénérable maître, se tenaient le frère orateur, Gerard Silmo, Gilles Talibani et son comparse arabe. Ils parlaient à voix basse, avec des mimiques de conspirateurs. Youssef eut un mauvais pressentiment. Sa récente visite à la loge « judéo-sioniste » pouvait avoir provoqué cette alliance insolite : Deux Juifs pied-noirs, un Arabe, et deux piliers de l'atelier connus pour leurs penchants racistes.

Comme convenu, plusieurs frères arabes et Florence s'étaient rendu à l'*Astre de la Paix*. À l'ordre du jour, une tenue blanche fermée avec une profane. Cela tombait bien. Caroline Fourrière écrivait dans *Charlie-Hebdo*, dans le même esprit que le magazine : Remettre les arabo-musulmans à leur place. La journaliste parlait de son dernier livre : « La modernité de l'islam : Un objectif illusoire ». Son débit était vif et intelligent. Tous les poncifs y passaient. Le beau rôle était dévolu à l'Occident et à son protégé. Avec quelques fléchettes émoussées, pour rester dans le ton « non-conformiste ». Les frères de l'atelier buvaient du petit lait. Ses propos les emplissaient d'un bonheur indicible. Et qui plus est venant d'une goy. Ils regrettaient la belle époque où la quasi-totalité des intellectuels soutenaient Israël.

Sur son plateau de vénérable, Gilles Talibani jubilait. Le combat était loin d'être perdu. On pouvait retourner la vague anti-israélienne. Il rêvait d'une tenue blanche fermée dans le grand temple, avec le conseil de l'ordre du Grand Orient, et les dignitaires des autres obédiences, et la foule des grands soirs, frères et sœurs massés par dizaines, debout entre les travées, faute de place, dans un hymne en faveur de la paix, contre l'extrémisme et l'islamisme, et glorifiant la seule démocratie du Proche-Orient. Mais quelque chose le chiffonnait. Qu'un franc-maçon arabe s'égare dans leur atelier, cela pouvait se comprendre, et on le neutralisait facilement. Mais huit d'un coup !

Avec une certaine appréhension, il fit circuler la parole. La séance des questions se transforma en cauchemar. Les frères arabes s'étaient levés à tour de rôle et, à l'appui de références historiques et religieuses, avaient détruit la belle architecture de la planche. La journaliste, qui se croyait en terrain conquis, n'était pas de taille à leur répondre. Fourrière était plus une polémiste qu'une scientifique. Les frères de l'atelier étaient désorientés. Même leur « Arabe de service » n'arrivait pas à contrer les visiteurs. Leur fête était gâchée. Sans les contraintes du rituel, la situation aurait pu dégénérer. D'un coup de maillet rageur, Talibani mit fin aux questions, en regrettant l'introduction pernicieuse de la politique dans une loge qui travaillait pour la paix. On raccompagna la conférencière sur le parvis, la mine défaite. Elle avait perdu de sa superbe habituelle.

Les frères arabes et Florence s'éclipsèrent au restaurant pour fêter l'événement. Hors du temple, ils n'étaient plus protégés par les obligations maçonniques.

Youssef rencontra le regard noir de Talibani. Le doute n'était plus permis. Il se dirigea vers les autres frères et leur donna la triple accolade. Ils échangèrent quelques propos sans importance.

Il revint à sa place. Les apartés se poursuivaient. Il se sentit seul, eut presque envie de sortir un livre. Une telle provocation aggraverait son cas. Le regard dans le vague, El Kouhen s'interrogeait.

Cela avait commencé dès le premier rendez-vous avec le vénérable de l'époque. Le malaise avait pris corps avec les trois enquêtes. Le premier enquêteur l'avait pour ainsi dire convoqué dans son agence immobilière à Montrouge. Petit et dynamique. Il lui avait posé une série de questions, et noté ses réponses. Une espèce de CV détaillé, sans fioriture.

Le second enquêteur voulait absolument le rencontrer chez lui. Youssef fit appel à sa mère pour accueillir dignement le franc-maçon. L'homme arriva avec une demi-heure de retard, titubant presque sous l'effet de l'alcool. Il ne refusa cependant pas quelques bières. Et de nouveau un interrogatoire serré, sur lui, son travail, son entourage.

L'atmosphère changea pour la troisième enquête. Celle-ci eut lieu dans l'appartement de l'enquêteur. Youssef eut même droit à une envolée philosophique. D'instinct, il se méfia. Les questions portaient sur la morale et la politique. Il répondit avec prudence. L'homme prétendait connaître l'Afrique. Il avait géré un grand hôtel dans la capitale congolaise. C'était l'orateur actuel. Sous ses dehors affables, El Kouhen découvrit peu à peu ses penchants idéologiques et sa vision d'un pur colonialisme.

Enfin, il y eut le grand oral.

Le malaise n'avait cessé de s'approfondir. Le doute aussi. Mais déjà le groupe du vénérable se disloquait. Celui-ci appelait à l'ouverture des travaux. Ils s'éparpillèrent dans le temple pour mettre leurs décors. Sans oublier au passage de saluer Youssef. Triples bises et sourires crispés. Le parvis s'anima. Les frères s'excitaient comme des collégiens. On s'aperçut alors de l'absence du maître des cérémonies. Le vénérable confia la tâche à El Kouhen. Armé d'une imposante canne, ce dernier les guida vers l'intérieur.

On procéda à l'ouverture. Debout et à l'ordre, les frères suivaient mollement le déroulement. Philippe Grigui tentait d'y mettre beaucoup de conviction. Il prononçait avec emphase les termes spécifiques à l'idéal maçonnique. Comme s'il voulait d'abord se convaincre lui-même. Pour Youssef, c'était un mystère. Il avait appris suffisamment sur ce frère dévoré par l'ambition, et peu regardant sur le respect du règlement. Si *France Unie* avait fonctionné normalement, on ne lui aurait jamais permis de devenir vénérable. Mais il était le protégé de Silmo et de son clan. « Est-il au moins conscient de jouer la comédie ? »

Plusieurs frères manquaient à l'appel. Le frère visiteur se présenta. Ahmed Sidaoui prenait son rôle de supplétif au sérieux. Le vénérable lui souhaita la bienvenue avec un empressement fort remarqué.

Pendant la lecture du tracé, les apartés reprirent de plus belle. Silmo et Talibani se découvraient des sujets de conversation infinis. Le couvreur, un original habillé en tenue de sport et tennis colorés, taquinait les deux surveillants. Le tracé fut adopté à l'unanimité.

Le vénérable appela le second surveillant à l'orient. Youssef le précéda après quelques circonvolutions au plateau de l'orateur. Jean-Marie Fontaine devait présenter le prérapport de la commission chargée des questions à l'étude des loges. Depuis qu'il était passé maître, Youssef se dispensait d'y assister. Le thème cette année portait sur la transmission orale. Fontaine lui faisait un peu pitié. Il marchait dans l'ombre de Grigui. Il était la voix de son maître. Parlant dans sa barbe, mangeant le quart des mots, il débitait de façon monocorde les opinions de la commission. Une suite d'idées reçues, retranscrites sans génie.

El Kouhen avait les yeux fermés, dans une attitude de réflexion intense. Un réflexe de défense. Il s'évadait.

La déception était dure à avaler. Il y avait tellement cru ! On ne pouvait tout de même pas manipuler les gens à ce point, entretenir indéfiniment de tels mythes. Il devait y avoir quelque chose. Un secret bien gardé. Le grade de maître – arraché après quatre années interminables – ne l'avait guère plus avancé. Mais ceux qui étaient là depuis trente ou quarante ans ne semblaient pas non plus détenir une plus grande lumière. Même Silmo, qui avait dû progresser dans les chiffres supérieurs. Il était loin de représenter un modèle de culture et de sagesse.

Par ailleurs, la loge se caractérisait par une homogénéité déprimante. Les démissions successives l'avaient vidée de ses éléments les plus originaux. Ne restaient que des hommes blancs, plutôt âgés, d'un niveau social correct, mais réfractaires à toute émulation intellectuelle. Usés, blasés. Ils répétaient le rituel comme d'autres les slogans d'un parti. Les planches se succédaient dans une morne routine. Il restait la complicité nouée entre certains, et les agapes. Les francs-maçons ont sublimé le gueuleton en communion ultime.

On disait qu'il y avait des loges d'un haut niveau. Encore fallait-il les connaître, et surtout y être parrainé. L'appui de l'atelier était aussi indispensable. Youssef se faisait peu d'illusions sur la bienveillance de *France Unie* à son endroit.

Finalement, il avait atterri dans une institution où l'égalité et la fraternité, contrairement aux idées reçues, étaient à géométrie variable. La qualité de franc-maçon ne suffisait pas. Il existait tout un système subtil de réseaux et de connivences en dehors duquel on ne bénéficiait d'aucune faveur.

Une autre déconvenue l'attendait. Loin de progresser dans l'amélioration de soi et de la société par l'exemple, une grande partie des frères se battaient pour les plateaux, avec un acharnement digne des partis politiques, semant les graines de la discorde, favorisant l'émergence de clans rivaux, et vidant les principes maçonniques de leur substance. On avait même créé un nom pour stigmatiser cette dérive : la « cordonite ». Tous la vouaient aux gémonies, en même temps qu'ils succombaient à ses délices.

Un coup de maillet lui fit ouvrir les yeux. Le vénérable invitait les frères à apporter leur pierre. Il y eut quelques interventions de pure forme. Une seconde réunion devait finaliser le rapport. Grigui félicita chaudement le rapporteur.

Nouveau coup de maillet. Nouvelles circonvolutions rythmées par la canne du maître des cérémonies pour ramener Fontaine à son plateau et accompagner le premier surveillant à l'orient. El Kouhen se rassit, amusé et intrigué.

Philippe Durand travaillait aux impôts et n'était pas loin de la retraite. Elégant, soigneux, il avait une belle chevelure grise et une barbe bien taillée. Il ne se piquait pas d'intellectualisme, ne mettait pas en avant sa longue carrière maçonnique. C'était un amateur de cigares et de bonne chère. Youssef ne l'avait pas entendu plancher plus de trois fois en cinq ans.

Durand annonça d'emblée la couleur. Sa femme devait participer à un congrès à Beyrouth. Il en avait profité pour l'accompagner. Comme le vénérable était à court de planches, il s'était proposé d'en faire une sur son voyage.

Youssef ne s'attendait pas à une analyse pointue, et il ne fut pas déçu. Presque rien sur la situation particulière du pays. Le conférencier n'avait même pas eu la curiosité de lire *L'Orient-Le Jour*. Mais un tableau touristico-gastronomique de la ville, et quelques digressions sur les palmiers, les boutiques et les femmes.

Durand avait le don de la causerie. C'était léger et agréable. Il n'y eut aucun de ces signes qui accompagnent généralement les planches : murmures, bâillements, changements de positions. Quelques intervenants le remercièrent pour cette évocation exotique.

L'ordre du jour était épuisé. Les frères se frottaient les mains. Rien de tel qu'une tenue écourtée pour les mettre de bonne humeur. On pensait déjà aux agapes. Aussi, lorsque le vénérable annonça la réception d'un courrier envoyé par un profane qui « frappait à la porte du temple » et transmis par le secrétariat du Grand Orient, il y eut quelques soupirs de contrariété. Grigui devait consulter l'atelier sur la suite à lui donner.

« Encore un qui rêve de maçonnerie, soupira Youssef. Avec probablement de grandes espérances. Est-ce un intellectuel, un rebeu, un jeune ? A-t-il une idée où il va mettre les pieds ? » Il l'imaginait marchant quelque part dans Paris, ou attablé dans un café, avec un livre. L'inconnu n'avait pas de relations maçonniques. Son premier contact avec le Grand Orient sera Grigui. Un expert-comptable solide, enrobé, sûr de lui, nanti, indifférent aux tourments métaphysiques. Des questions carrées pour cerner le futur compagnon de route. Et celle-ci : sera-il en mesure de payer la capitation et les dépenses annexes. C'est qu'en période de crise, même l'obédience faisait le ménage, avec la même compassion qu'un patron déplorant un plan social. Puis, il y aura les enquêtes, et le « passage sous le bandeau ».

El Kouhen se souvenait. Assis au milieu du temple, les yeux dans le noir. Soumis à une batterie de questions, venant de tous côtés, sans lien ni logique. Même l'oral de l'agrégation ne l'avait pas autant déstabilisé. Les enquêtes lui avaient appris à moduler ses réponses. Il s'était montré modéré dans le fond et convaincant dans la forme. Mais on l'avait aussi interrogé sur la banlieue et le terrorisme islamiste. Il avait dû marquer ses distances, comme si le fait d'être beur en faisait un connaisseur, ou un suspect. Malgré tout, il semblait subsister dans leur esprit l'ombre d'un doute.

Miraculeusement, l'initiation avait balayé tous ces désagréments. Ce fut un moment d'une extrême solennité. On touchait du doigt les valeurs fondamentales de la franc-maçonnerie. Youssef avait réellement tremblé. L'émotion l'avait étreint pendant toute la cérémonie. Les yeux bandés, il s'était soumis aux diverses épreuves. L'idéal maçonnique lui avait alors paru grandiose. Il entrait dans un monde merveilleux. La fraternité et la solidarité étaient sans limites. Chaque frère était disposé à donner sa vie pour les autres. Les différences sociales, culturelles et matérielles s'estompaient. Et en recevant la lumière, il avait ressenti un amour infini pour tous ces inconnus qui le fixaient, l'épée à la main, et semblaient lui renvoyer le même amour.

Et puis, tout était rentré dans l'ordre. L'ordre humain.

L'atelier autorisa le vénérable à rencontrer le profane, et à déclencher éventuellement les enquêtes. El Kouhen se prit d'affection pour cet inconnu. Il aurait voulu lui raconter. Qu'il n'aille pas à l'aveuglette.

Grigui annonça les questions subsidiaires, préludes à la fin des travaux. On ne s'en tirait pas si mal. Cette séance ne durait que quelques instants. Gilles Talibani demanda la parole. Son expression avait une gravité particulière. Un peu raide, la main droite bien collée à la gorge, il semblait se préparer pour une intervention importante.

- Vénérable maître et vous tous mes frères en vos grades et qualités. J'aimerais d'abord vous exprimer mon plaisir de partager de nouveau les travaux avec vous. J'ai de grandes responsabilités dans un autre atelier. Et vous savez à quel point c'est important. Mais c'est ici ma loge mère. C'est ici que je viens pour me ressourcer. Pardonnez mes absences, mais mon esprit est continuellement avec vous. J'aurais été heureux d'en rester là, si un événement n'était venu entacher les travaux de la loge dont j'ai la charge. Vous connaissez sa singularité dans le paysage maçonnique. Elle contribue au rapprochement entre les peuples du Proche-Orient. Nous essayons de favoriser un climat de tolérance. Avec pour objectif, une paix juste et durable. Dans ce but, nous invitons souvent des profanes, des personnalités de la société civile, connues pour leur intégrité morale et leur engagement pacifique. Récemment, nous avons convié Caroline Fourrière, journaliste et auteure très estimée. Une planche remarquable. Tout s'est bien passé jusqu'aux questions. Plusieurs frères d'origine – je suis désolé de le préciser – arabe, étaient venus là en force, pour semer le trouble. Notre loge, comme toutes les autres, accueille volontiers les visiteurs. Elle ne demande que ça, pour favoriser les échanges. Or ces frères ont tout fait pour saboter le débat, en harcelant la conférencière de chiffres et de citations, qu'elle ne connaissait peut-être pas. Qui peut prétendre tout connaître ? De ma vie maçonnique, je n'avais vu un tel débordement de haine. Madame Fourrière est repartie en larmes. Si la parole est libre en loge, il me semble que ce genre de comportement est contraire à l'esprit de nos lois, et il devrait être sanctionné. Il est de notre devoir d'en référer à qui de droit. Il se trouve que parmi les visiteurs – venus en bande organisée, je le répète – se trouvait le frère Youssef El Kouhen. Il ne nous revient pas d'en statuer. Je sollicite, vénérable maître et vous tous mes frères, que notre loge saisisse la justice maçonnique. Nous avons des instances hautement qualifiées et indépendantes. Qu'elles jugent en toute sérénité. Que cette affaire serve d'exemple pour la défense de nos institutions. Pour que vive la franc-maçonnerie, libre et fraternelle. J'ai dit, vénérable maître.

Talibani se rassit, très digne. L'avenir de la franc-maçonnerie semblait le préoccuper au plus haut point. Silmo lui tapota la cuisse, en signe de solidarité. Gilles appréciait, attendant le sursaut salutaire.

Les frères en oublièrent presque l'allongement inattendu de la tenue. Une lueur narquoise passa dans leurs yeux. Enfin une affaire insolite pour secouer la routine. Une quasi-unanimité flottait dans l'air. Les regards convergeaient vers le maître des cérémonies, sans aménité. L'orateur le fixait du haut de son plateau, dissimulant à peine sa jubilation. Il fignolait déjà son intervention.

Youssef n'en revenait pas. Comme assommé par ce qu'il venait d'entendre. Les yeux fixant le sol. Il savait où allait la sympathie des frères. Mentalement, il traitait Talibani de

« sioniste dégénéré, de raciste et de manipulateur ». Un coup de maillet le ramena à la réalité.

Le vénérable prit l'attitude de responsable digne et impartial, investi de la fonction de « centre de l'union ». Sa voix vibrait, comme à chaque fois qu'il évoquait les grands principes maçonniques.

- Notre frère Youssef a été mis en cause. C'est grave. Il est naturel, et même essentiel, qu'il se défende. C'est le fondement de notre constitution. Tu as la parole, mon frère.

El Kouhen se leva, se mit à l'ordre.

- Vénérable maître, j'ai été effectivement à cette tenue, en compagnie d'autres frères. L'allusion à notre origine est franchement déplacée. Nous avons entendu une planche sur l'islam, truffée de préjugés et d'inexactitudes. La conférencière est connue pour ses positions idéologiques hostiles au monde musulman. C'est son droit. Mais c'était aussi notre droit d'intervenir pour rétablir la vérité. Que je sache, la recherche de la vérité est inscrite à l'article premier de notre constitution. Quand bien même, la parole est libre en loge. Nos interventions sont restées correctes, dans le cadre d'un dialogue franc et vigoureux. Je n'ai pas une longue expérience en maçonnerie, mais c'est la première fois qu'on reproche à un frère le contenu de son intervention, au point de vouloir le traduire en justice. Il me semble que le frère Talibani poursuit des objectifs autres que la sérénité des débats. Il serait incongru que notre atelier y donne suite. J'ai dit.

Il se rassit, l'air excédé. Le riruel avait au moins cet avantage d'empêcher les débordements verbaux. « Saisir la justice maçonnique ! maugréait-il. Pourquoi pas un tribunal pour juger les conneries débitées par centaines ? » La ficelle lui semblait tellement grosse. Pourtant ! Est-ce que Talibani aurait pris le risque d'un affront en loge ? Si Grigui avait assumé correctement ses fonctions, il aurait dû rejeter d'emblée sa demande, comme contraire à tous les usages, sans entrer dans une logique défense contre accusation. C'était un coup monté. Tout était préparé à l'avance. Il se rappelait les conciliabules du groupe à son entrée dans le temple. Comme pour confirmer ses soupçons, Gérard Silmo demanda la parole. Ses interventions donnaient le ton.

- Vénérable maître, le problème ne réside pas dans la liberté d'expression. Sinon c'est toute notre philosophie qui en prend un coup. Nous devons accepter toutes les interventions, de quelque nature qu'elles soient. Mais en l'espèce, il semble y avoir eu une conspiration pour ridiculiser la conférencière et, excusez-moi l'expression, foutre la merde dans une tenue. Et ça c'est grave. Le frère Gilles n'a pas cru bon mettre en avant un autre argument. On reconnaît là son intégrité. Le frère visiteur qui l'accompagne m'a répété à part, la gêne et la colère qu'il avait ressenties, en tant qu'Arabe, par cette intrusion massive et malintentionnée. C'est dire si le malaise était réel. Je l'invite à s'exprimer. Il faut que l'atelier prenne conscience de la gravité des faits. Et venant de lui, on ne pourra pas parler de complot. Pour ma part, j'appuie la demande du frère Talibani. J'ai dit.

Ahmed Sidaoui se leva, se mit à l'ordre, l'air grave. Avant de se tourner vers l'orient, il lança un regard assassin en direction de Youssef. À l'entendre, l'atelier avait été proche de l'apocalypse. Sa voix tremblait. Personne ne mit en doute ses assertions. L'affaire semblait entendue. Il ne restait plus qu'à dérouler le processus. Le vénérable se tourna vers l'orateur :

- Frère orateur, vous êtes le gardien de la constitution, chargé de dire la loi. Quelles sont vos conclusions ?

Marcel Deborgne redressa le buste, conscient de son importance. Il était grand et fort. Habillé de façon stricte. Il récupérait d'une dépression nerveuse. Le marasme des affaires le touchait de plein fouet. Il aspirait obsessionnellement au vénéralat. Il savait de quel côté penchait la balance du pouvoir. El Kouhen le défiait du regard. Les jeux étaient faits. L'orateur dissimulait à peine ses opinions colonialistes.

- Vénérable maître, il faut tirer cette affaire au clair. Sans préjuger bien entendu d'un comportement répréhensible de la part de notre frère. La justice maçonnique est là justement pour régler les différends au sein de l'obédience. Je propose de soumettre la saisine au vote de l'atelier. Mais auparavant, il serait souhaitable que le frère Youssef couvre le temple. J'ai dit.

On le fit sortir sur le parvis. Il tâta ses poches, trouva ses cigarettes. Enfermé dans la salle de bains, il fumait nerveusement devant la glace. Et se souvenait de sa première visite à l'*Astre de la paix*. Il avait appris suffisamment sur les dessous de la franc-maçonnerie pour envisager sereinement un autre cheminement spirituel. Cette seule pensée lui aurait paru, il y a encore quelques semaines, totalement déplacée. Il sourit à son image. « Pourquoi pas ? C'est mon monde après tout. » Il revint sur le parvis. La tentation de leur fausser compagnie le titillait. Mais outre que ses affaires étaient restées dans le temple, c'eût été offrir une victoire totale à Talibani. Il imaginait déjà les échanges sarcastiques pendant les agapes. La porte s'ouvrit. Il reprit son sérieux, et rentra selon le rituel. Le vénérable donna un coup de maillet :

- Guidé uniquement par le souci de rétablir la sérénité de nos travaux, et sans aucunement prendre parti, l'atelier a décidé de saisir la justice maçonnique. C'est une démarche qui se veut fraternelle, dans l'intérêt général. Mes frères, nous allons faire une chaîne d'union, pour raffermir nos liens.

Ils se dégantèrent, formèrent un cercle, les bras croisés, les mains jointes. Tous les frères affichaient l'expression satisfaite du travail loyalement accompli et du salaire amplement mérité. Youssef fixait obstinément le sol. La voix du vénérable rappelait, avec emphase, la longue chaîne de fraternité qui unissait tous les francs-maçons. El Kouhen soupira. La cérémonie ne faisait plus le même effet sur lui. Un autre type de fraternité, plus saine, moins soumise à toutes formes d'ambitions, devait exister ailleurs. Les mains se détachèrent, après la promesse solennelle de ne jamais laisser la chaîne se rompre.

La tenue se terminait. Ils avaient accompli leur devoir. De bonnes agapes les attendaient. Le rituel de clôture se déroula dans la bonne humeur. Youssef suivait mécaniquement en spectateur indifférent. À peine la dernière formule prononcée, il prit ses affaires, et bredouilla une vague excuse auprès du maître des banquets.

8

- Allô ! Bruce ?
- Oh, salut ! Quelle bonne surprise !
- Comment vas-tu ?
- Pas mal. Et toi ? Ça fait un moment.

- Les occupations. Mais on va se voir bientôt. À propos, ta nouvelle émission marche de mieux en mieux. Félicitations.

- Elle t'est ouverte. Quand tu veux. Tu auras droit à une émission spéciale. Comme d'hab.

- Pourquoi pas ? On verra.
- Enfin, tu es toujours le bienvenu à Canal.

- Merci. Je sais que je peux compter sur ton amitié. Au fait, ça te dirait de passer les fêtes de Noël dans mon riad ? À moins que tu ne préfères ma maison de Tanger.

- Fantastique ! J'en parlerai à ma femme. Tu y seras ?

- Seulement à Marrakech, pour le nouvel an. N'oublie pas la fête du 3, si on ne se croise pas d'ici-là.

- Et comment ! Je ne la raterai pour rien au monde.

- Bruce ! J'ai un petit souci, comment dire, d'ordre médiatique. Je voudrais ton avis, et éventuellement ton aide.

- Je suis à ta disposition. En toute discrétion.

- Voilà. Il n'y a pas longtemps, une association a vu le jour. Plus proche du groupuscule. On connaît les membres et leurs fonctions. Genre idéalistes ingénus. Des pro-palestiniens. Après tout, nous vivons dans une démocratie. Chacun est libre de ses opinions. L'association est dirigée par une avocate, une convertie à l'islam à la suite de son mariage. Entre parenthèses, les néophytes sont les plus fanatiques, comme s'ils avaient un passé à se faire pardonner. Bref, ils se sont mis en tête d'appeler leur association SOS Palestine, à l'instar de SOS Tibet, ou même de SOS Racisme. Tu vois un peu l'impact que cela pourrait avoir ? Il suffirait d'une exposition médiatique, même de quelques secondes.

- Parfaitement.

- D'autant que le nom donne une vision apocalyptique de la situation, comme si la Palestine était à feu et à sang. SOS, c'est le signal de détresse. Alors que, justement, tous les espoirs sont permis aujourd'hui. Nous travaillons d'arrache-pied à la paix, pour une solution juste et raisonnable. Et je peux te confier, Bruce, que malgré les apparences, on n'est pas loin de cette solution. Ce n'est vraiment pas le moment de jeter de l'huile sur le feu. Il faut au contraire rapprocher les gens, créer un climat de confiance. Tu saisis ?

- Bien sûr ! Et je partage entièrement ton point de vue.

- Je savais que tu comprendrais. Seulement, la Préfecture n'a pu que s'incliner, et enregistrer l'association. Dès qu'on m'en a informé, j'ai alerté Bertrand Delanoix. Ses services ont reçu une délégation de l'association. Ils ont promis une subvention substantielle, et la possibilité d'un local. On leur a proposé un autre nom, « Paix en Palestine » par exemple, c'est très beau comme intitulé. Il y a l'idéal de paix. Mais je me demande si ces gens-là veulent réellement la paix. Plutôt des fouteurs de merde. Elles n'ont rien voulu savoir. Je dis elles, parce que le noyau dur est constitué de six ou sept femmes. Le seul homme est le gérant d'un café libanais. Mais d'après nos renseignements, il ne joue qu'un rôle marginal. Son café organise des soirées orientales le week-end, et quelques réunions militantes.

- C'est bien embêtant tout ça. En quoi puis-je t'être utile ?

- Je réfléchis à une campagne de basse intensité, comme on dit d'un conflit. Pas question d'en parler dans ma rubrique du *Point*. Ce serait leur faire de la pub. Je garde ça comme arme ultime. Le temps de réunir d'autres infos, pour éventuellement la faire interdire. Ça m'étonnerait qu'ils n'aient aucun lien avec une organisation extrémiste. Ce qui serait bien, au stade actuel, c'est de préparer le terrain, en lançant la polémique dans deux ou trois rubriques, par des personnes sans parti pris, dans un média branché, ouvert sur la diversité, peu suspect d'ostracisme. C'est ainsi que j'ai pensé à Canal.

- Tu as bien fait, Michel-Samuel.

- D'autant plus que, il y a un autre aspect qui m'inspire quelques craintes pour l'avenir. Une des responsables de l'association, la plus déterminée paraît-il, porte le voile. Le vrai voile islamique. Celui qui fait ressembler à une momie. Figure-toi qu'elle est avocate. Tu peux imaginer l'influence insidieuse sur son entourage. C'est dramatique. On régresse au lieu d'aller de l'avant.

- J'ai une première idée. Tu te souviens de Marie Calmant ?

- Bien sûr ! Elle chroniquait avec toi dans *La Matinale*. Elle est venue déjeuner chez moi, avec toute l'équipe, après l'émission spéciale sur mon voyage en Amérique. Elle est adorable, cultivée, féministe, et sans concession.

- Elle est toujours dans *La Matinale*. D'abord elle ferait n'importe quoi pour toi. Pour elle, tu es le génie personnifié. Si si, je t'assure. Et puis, elle ne supporte pas les femmes voilées. C'est physique. Ça lui donne de l'urticaire.

- Avec elle, le message passera très bien.

- Si tu m'envoies quelques documents aujourd'hui, ça pourrait se faire dans les prochains jours.

- D'accord. Pendant qu'on y est, dis-lui de réserver sa soirée du 3 décembre. Je lui enverrai une invitation en bonne et due forme.

- Elle sera aux anges. Et au fait, je pense à un autre truc. Il y a un humoriste rebeu qui m'est redevable d'un passage. Je vais le réinviter, à condition qu'il glisse quelques bouffonneries sur ton association. Il tient trop à passer à la télé.

- Ah, mon cher Bruce ! J'ai bien fait de t'appeler en premier. Au plaisir de te revoir. Et n'oublie pas Noël au Maroc.

Ils raccrochèrent. Bruce Grossaint appela immédiatement son épouse. « Chérie ! Ça te dirait de passer les vacances de Noël à Marrakech ou à Tanger, dans une maison de rêve, tous frais payés ? Non, je ne peux rien te dire. C'est une surprise. » Pendant que Michel-Samuel Taïeb contactait Uri Sulitzer. « Le plan de campagne est en marche. Fais enregistrer les émissions en clair de Canal Plus à partir de demain. »

Florence Meyer se laissait imprégner par la magie du lieu. Une douce musique orientale emplissait l'atmosphère. Des lampes aux verres multicolores dispensaient une symphonie de lumières. Les banquettes et les coussins étaient recouverts de tissus chatoyants. De temps en temps, elle prenait une gorgée de vin. Voilà un endroit comme il devait en exister à Paris, et où elle n'avait jamais songé à aller. Pourquoi Youssef ne l'y avait-il jamais emmenée ? Se pouvait-il qu'il n'en connaissait pas l'existence ?

Du dehors, le café ne payait pas de mine. Quatre à cinq tables, une mini-cuisine. Et un client esseulé. Elle avait calculé large. Une circulation fluide, et une place de stationnement presque devant le *Nahda*. Elle n'était jamais venue dans ce coin du onzième. Cela lui rappela la découverte du vingtième arrondissement.

Elle poussa la porte. Une senteur agréable la saisit. Légère et parfumée. L'homme derrière le comptoir esquissa un sourire interrogateur. Elle retira son bonnet. Sa blondeur contrastait.

Florence se demanda aussitôt comment on pouvait se réunir ici. Sans compter les soirées orientales. Elle n'aurait pas pu se tromper. C'était le seul café au numéro 92.

En quelques pas, elle fut au comptoir. Le sourire de l'homme s'élargit, mais toujours dans l'expectative.

- Bonsoir. Je suis une amie de Khadija Elayani. L'avocate, précisa-t-elle. J'ai rendez-vous avec elle ici.

Le visage de l'homme s'éclaira. Il avait des cheveux noirs, courts, et une fine moustache. Il avait quelque chose d'arabe, mais pas comme ceux qu'elle connaissait.

- Soyez la bienvenue. Khadija n'est pas encore arrivée. Voulez-vous boire quelque chose ?

- Du vin, c'est possible ?

Il opina, remplit un verre, posa des olives. Elle retira son manteau, s'assit sur un tabouret face à lui.

- Je m'appelle Edmond Saïd.

- Enchantée. Florence Meyer.

Il lui semblait sympathique et ouvert.

- Excusez-moi. La combinaison est étrange.

- Je suis libanais, et chrétien.

- Vous vous considérez comme arabe ?

- Bien sûr !

Son sourire s'accentua, comme pour lui signifier qu'il ne voulait pas l'ennuyer. Elle goûta au vin, croqua une olive.

- Où se réunissent-elles ?

- En bas, répondit-il en désignant un escalier. Il y a une grande salle.

- Personne d'autre du groupe ?

- Elles ne devraient pas tarder, assura-t-il.

Elle regarda sa montre, haussa les épaules.

- La salle est vide ?

- Oui. Avant, il y avait les amateurs de narguilé. Mais depuis l'interdiction de fumer… Sinon il y a des activités culturelles, et des orchestres le week-end.

- Avec des danseuses du ventre ?

Edmond acquiesça. Deux hommes firent leur entrée. Aucun doute sur leur origine. Il les embrassa. Ils s'assirent.

- Je voudrais aller en bas.

- Je vous apporte le verre. L'escalier est un peu raide.

Elle descendit avec précaution. C'était vraiment raide. Mais en bas, quel enchantement !

Au premier regard, elle aperçut la rangée de narguilés. Orphelins de leurs utilisateurs. Elle poussa un soupir nostalgique. Et regrettait déjà les rigueurs de la loi. Bien que cette interdiction l'avait à l'époque enchantée. Elle ne verrait jamais ces fumeurs orientaux, sensuellement avachis, tétant leur tuyau, comme elle aimait à les imaginer.

Une possible ouverture gâchée sur ce monde fascinant. La faute à Youssef. Elle lui reprocherait presque de s'être totalement détaché de son milieu, pour se lancer à corps perdu dans une assimilation forcée. Jusqu'à l'intégrisme laïc des francs-maçons. C'était pourtant ce qui l'avait séduite. Au point de traquer la moindre faille dans son engagement.

Jusqu'à cette soirée « arabe » chez Khadija. Elle fut alors conquise par la finesse et la richesse des traditions orientales. Et celles-ci ne lui semblaient plus contradictoires avec la modernité. De toutes façons, les beurs n'étaient même pas payés en retour. L'humiliation infligée à son compagnon, par les frères de son atelier, ne s'expliquait pas autrement. Un Arabe restait un Arabe. Même dans une loge maçonnique, et sa devise : « Liberté, égalité, fraternité ». Elle avait lu quelque chose de semblable à propos des Juifs. Même totalement assimilés. Un jour ou l'autre, on leur ressortait leur origine.

Des bruits rapides sur les marches. Une jeune femme déboula dans la salle. Brune, élégante, souriante.

- Florence Meyer ? Désolée que vous ayez attendu toute seule.

- Pas grave. J'ai pris le temps d'admirer le lieu.

- Je m'appelle Christine Massoudi.

Elle l'embrassa avec chaleur. Edmond suivit avec du vin et des olives, puis repartit.

- Un mec sympa. Grâce à lui, on peut se réunir ici.

- On a déjà fait connaissance.

- Vous savez, ici, les horaires. Nous sommes débordées. Le travail, la famille. Et puis, c'est plutôt une réunion amicale.

- Vous êtes la présidente ?

- C'est un bien grand mot. Pour enregistrer une association, il faut attribuer des fonctions. Au départ, nous étions trois ou quatre copines. Bouleversées par le drame des Palestiniens, et écœurées par le silence des grands médias. C'est un cri. Nous voulions lancer un SOS. Mais nous ne sommes pas vraiment organisées. Nous cherchons une manière de contribuer, dans la mesure de nos moyens.

- En tout cas, le nom est bien trouvé.

- Oui, nous sommes contentes de l'avoir enregistré. Je crois d'ailleurs que nous avons touché juste. Vu les premières réactions.

- Je ne suis pas très au fait, mais je commence à démêler les choses. C'est un sujet bien compliqué.

- Non, on le complique à dessein. Pour faire croire que la solution est longue et difficile. En réalité, c'est très simple. Il y a un peuple occupé, et qui souffre, et un occupant, impitoyable, devant lequel le monde entier se couche. Ah, voilà notre amie.

Khadija Elayani fit une entrée remarquée. Grande, souple, habillée en tailleur-pantalon gris. Une large écharpe lui couvrait la tête et le cou, laissait voir quelques mèches. Florence cacha à peine sa surprise. Elles eurent juste le temps de se saluer. Trois femmes firent leur apparition. Christine les lui présenta :

- Nadia Choukri, assistante à la Fac de Droit, responsable des activités culturelles au *Nahda.* Abir Hanieh, Palestinienne, travaille dans la communication. Et Danièle Sibony, enseignante, de l'UJFP, une association de Juifs qui militent pour la paix.

Edmond apparut avec un plateau, des boissons et des hors-d'œuvre libanais. Lorsqu'il remonta, Khadija dénoua son écharpe. Christine se saisit d'un petit pain rond, le plongea dans un des plats.

- Mangeons, dit-elle. Alice et Fatna ne viendront pas. Mina viendra peut-être plus tard.

C'était une cuisine simple, légèrement épicée. Le partage les rapprochait. Elles bavardaient avec entrain. Florence s'y coulait comme par enchantement.

Edmond revint avec un plateau de thé. Khadija remit son écharpe. Il fit le service, et s'installa à côté.

- Voilà, annonça Christine, mi-désolée, mi-ironique. Je n'y croyais pas trop, et pourtant ! En tout cas pas si vite, pas si grossièrement. Il faut s'attendre à d'autres réactions.

Elles se regardèrent d'un air entendu. Seule Florence ouvrait de grands yeux. La présidente lui expliqua. Depuis la collation, elles se tutoyaient.

- Personne ne t'en a informé, mais tu peux toujours le voir sur le site de *Canal plus*. Une chroniqueuse de *La Matinale* nous a consacré un petit billet. Quel honneur ! Mais c'était pour nous dénigrer en se moquant. Nous serions une petite bande d'hystériques, et sous-entendu, de « mal baisées ». De plus, crime de lèse-modernité, au moins une femme chez nous porte le voile islamique. L'horreur ! Et nous serions manipulées, naïves que nous sommes, par des intégristes.

Florence ne cachait pas son émotion. Ce qui dérida un peu plus les autres.

- Nous sommes sur la bonne voie ! s'exclama Sibony.

- Bientôt, on entendra partout notre cri de ralliement, affirma Choukri.

- C'est bon signe, constata Hanieh, l'experte en communication. La preuve qu'ils sont sur la défensive. Nos adversaires contrôlent quasiment tous les médias, et pourtant, ils ont peur d'un slogan.

- Ce qui est incroyable, intervint Elayani, c'est le peu de temps écoulé entre la visite à la Mairie, et cette première attaque.

- On a affaire à des gens bien organisés, dit Saïd, avec des connexions infinies.

- Nous saurons nous défendre, assura Massoudi. À mon avis, tout cela est plutôt positif. Trouvons un nouveau challenge !

La même idée revenait sur le tapis. S'agrandir et essaimer. Mais cela ne correspondait pas à leur philosophie. Et puis, les problèmes d'intendance leur paraissaient insurmontables. Une nouvelle complication apparut, avec cette étrange médiatisation. Elles couraient le risque d'être noyautées.

- Puis-je faire une suggestion ?

- Vas-y, Florence.

- Créer un logo. Il me semble que vous n'en avez pas. C'est médiatisable par le net. On contourne plein de difficultés. Je peux m'en charger. J'ai des amis artistes. Il faut quelque chose d'esthétique et d'assez parlant. Je le vois presque, avec la carte et les couleurs de la Palestine, un bout de mur, un gamin, un olivier arraché, et le SOS.

- Dis donc, elle est bien ta copine.

Khadija approuva sans réserve.

- Veux-tu te joindre à nous ?

- Avec plaisir.

- On vote.

Tout le monde leva la main en riant. Cette idée leur ouvrit soudain des perspectives.

- On pourrait envoyer le logo, proposa Abir, à des gens en vue, en leur demandant de l'afficher. Ce serait une façon d'avoir un large soutien, sans qu'il soit nécessaire d'adhérer.

- Je pense au recteur de la Mosquée de Paris, dit Khadija. Personnellement, je ne l'aime pas trop. Mais il est apprécié pour sa « modération ». S'il accepte, l'accusation d'extrémisme tombera à l'eau.

- On peut faire de même avec les chanteurs, les comédiens, les humoristes. Il suffirait d'un logo de petit format. Et s'ils passent à la télé avec…

- Je m'en occuperai, affirma Edmond. Je connais beaucoup de musiciens. À tout à l'heure. Excusez-moi, mais je dois remonter.

- Ce soir, c'était génial, dit Christine en se levant. Désolée, les filles, mais la famille m'attend.

- Nous aussi, répétèrent les trois femmes arrivées ensemble.

Les adieux furent émouvants. Florence et Khadija ne se hâtaient pas pour remettre leur manteau.

- Je te raccompagne ? Je suis en voiture.

La nuit était froide. Des gouttes tombaient sur le pare-brise. Il faisait bon à l'intérieur. Un sentiment d'intimité les unissait.

- Comment as-tu trouvé ?

- C'était superbe. Je te remercie.

Khadija la regarda conduire quelques instants. Elle devinait plus ou moins ce qui la turlupinait depuis le début.

- Préfères-tu le voile ou l'écharpe ?

Florence parut soulagée.

- Franchement, l'écharpe. C'est plus cool.

Elle hésita un moment.

- Mais est-ce aussi rigoureux que le voile ? Peux-tu mettre l'un ou l'autre ?

- Les interprétations divergent. Parfois je mets l'écharpe à dessein, pour montrer que je respecte plus l'esprit de la loi.

- Pourrais-tu l'enlever ?

- Bien sûr. J'ai dû plaider un jour à la place de mon frère. J'ai négocié avec le président du tribunal. Il m'a laissé porter un bandana. Il faut se battre intelligemment.

- Comme pour l'école ?

- Exactement. Priorité à l'éducation. Aujourd'hui le rapport de force nous est défavorable. Tous les moyens sont bons pour nous opprimer. Nous devons ruser.

- C'est peut-être plus facile pour toi, qui ne le portes que depuis deux ans.

Florence se mordit la lèvre. Elle n'était pas censée le savoir. Mais Khadija ne releva pas.

- Non. C'est une question de vision et de caractère. Certaines femmes se font d'elles-mêmes la caricature de leur personnage, et renforcent la vision qu'on a d'elles, dans le sens le plus rétrograde.

- Alors, tu le portes comme étendard.

- Voilà. Tu as trouvé le mot.

La voiture s'arrêta à un feu rouge. Elles se regardèrent. La pluie fouettait agréablement les vitres.

- Qu'est-ce qui t'a décidé ? osa Florence.

- Difficile à dire. C'est un enchaînement. Au départ, une question d'identité. J'ai vécu une longue histoire d'amour avec un homme, de gauche, laïc, non-musulman. La rupture fut douloureuse. J'ai eu envie de faire le point. J'ai passé trois semaine en Tunisie. Cela faisait dix ans. Ce n'est pas une société qui m'attire, mais elle fait partie de mon histoire. Une prise de conscience s'est faite. Que je n'ai pas cherchée. Mais c'est arrivé.

- Laquelle ?

- Une part de moi-même est arabe et musulmane. Non que je l'ignorais avant. Mais elle allait prendre une place centrale.

- Quel rapport avec le voile ?

Khadija semblait chercher la meilleure formulation.

- La foi. Je n'ai pas eu la révélation. Pour être honnête, je m'y suis un peu réfugiée, pour oublier. En tout cas, cela m'a redonné confiance, et une raison de vivre.

- Au point de porte le voile ?

Elle eut un sourire bienveillant. Que de fois le lui avait-on demandé ?

- Tu sais, ce n'était pas écrit. J'aurais pu revenir en arrière, m'arrêter à mi-chemin. Certaines choses sont difficilement prévisibles. Surtout que je n'avais aucun antécédent familial. Je vivais comme mon frère. Libre et mécréante. C'est peut-être pour cela que je m'entends bien avec lui.

Florence se concentrait sur la conduite, mais son esprit cherchait.

- J'ai l'impression, en t'écoutant, que le voile dépasserait le cadre religieux.

- Tout à fait. Dans l'esprit des gens, la femme voilée est bornée, soumise. Et on fait tout pour ancrer cette vision. Or le voile a un aspect revendicatif, voire politique. Ce n'est pas pour rien qu'on le combat en France. Comme en Tunisie. Et dans d'autres pays.

- Vraiment ?

- Avec le voile, mon combat, en tant qu'avocate et militante, gagne en visibilité. Il est le symbole de la résistance face à l'idéologie judéo-chrétienne dominante. Comme tu as dit tout à l'heure, je le porte en étendard, contre les discriminations en France, et contre les injustices internationales. Je leur signifie, à ces sociétés blanches imbues de leur supériorité : je ne suis pas dupe de vos manigances, et je vous emmerde.

Florence émit un sifflement admiratif.

- J'aurais pas imaginé.

- Bon, ce que je dis n'est pas valable pour toutes les femmes voilées. Mais tu sais, le retour à la religion, ou simplement à la tradition, même chez les hommes, n'est pas dépourvu de cette dimension.

- Youssef ne m'en a jamais parlé.

- Il pense comme certains Arabes, ou musulmans. Ils croient qu'en s'assimilant, on va les traiter sur un pied d'égalité. Un jour ils vont se réveiller avec la gueule de bois.

« Comme elle est lucide ! » pensa Florence. Youssef en faisait l'amère expérience au Grand Orient. Mais elle n'avait pas le droit de le lui raconter.

- En tout cas, c'est passionnant.

- On est arrivées. Regarde. Il y a une place juste à côté. Viens, on va se faire un thé à la menthe.

Elles coururent joyeusement jusqu'au porche. La pluie avait redoublé d'intensité.

9

Le temps hésitait entre le jour et la nuit. On était pourtant en milieu d'après-midi. Ce n'était pas encore l'hiver, mais les journées étaient parmi les plus courtes. Du ciel on n'apercevait qu'une étendue blafarde. L'illusion venait du terrain violemment éclairé par des carrés de projecteurs puissants, disposés autour du stade. Le vent s'engouffrait de partout. Les deux groupes de spectateurs, serrés dans deux tribunes opposées, accentuaient la désolation générale. L'absence des clameurs habituelles rendait l'atmosphère quelque peu spectrale. Les immenses écrans de télévision ne montraient qu'une pelouse désespérément vide.

Les gamins n'en avaient rien à fiche. Ceux qu'on avait installés en face des officiels, et prudemment séparés des sympathisants d'Israël, plus âgés et plus motivés. Ils se retrouvaient au Parc des Princes, plus inaccessible à leurs yeux que le Stade de France. On leur avait offert un sandwich *halal* et un coca cola. Ils n'avaient qu'une vague idée de l'événement. Mais un match de football, transport assuré, et un goûter alléchant, cela ne se refusait pas. Avec un alibi solide vis-à-vis des parents. L'administration elle-même s'était chargée de les avertir.

Les militants de SOS Racisme, reconnaissables à leur petite main jaune, leur distribuaient des petits drapeaux palestiniens. « C'est un match amical. Israéliens contre Palestiniens. Ils jouent pour la paix », ne cessaient-ils de répéter, pas vraiment rassurés. Ceux d'en face agitaient des drapeaux bleu et blanc, et criaient à tue-tête.

Charles Vil-Neuf leur jetait de temps en temps un regard soucieux, avant de retourner, tout sourire, vers ses invités. La loge présidentielle bruissait de conversations enjouées et de rires comblés. Un mélange éclectique. Des militants aux PDG de multinationale, en passant par des politiques ou des artistes, sans oublier quelques jolies femmes, dont la sulfureuse blonde de l'UEJF. Audrey Moutomann entretenait la machine à fantasmes.

Le président du PSG se serait volontiers passé de ces spectateurs. Malgré leur tendre jeunesse, et un maillage sécuritaire densifié, ils lui faisaient peur. C'était irrépressible. Comme tous les responsables avertis, il anticipait des mouvements de foule agressifs et imprévisibles. Et après tout, il fut l'un de ceux qui avaient ancré cette vision dans l'esprit des téléspectateurs. À raison, rétrospectivement. N'étaient-ce pas eux, ou leurs grands frères, qui avaient sifflé récemment la Marseillaise au Stade de France ? Mais on devait faire avec. Une rencontre sportive israélo-palestinienne pour la paix aurait eu moins d'impact sans la présence, même symbolique et confinée, de supporters « arabes ». Ce sera parfait après le montage.

Il fit un signe discret à Mamadou Soroporo. Le président de SOS Racisme s'éloigna à regret du cercle de Moutomann, parla brièvement sur son portable, et entreprit de récupérer sa position.

- C'était le boss ?

- Oui.

- Que voulait le gros black ?

- T'as pas besoin d'être grossière.

- Oh, ça va ! C'est pas parce que t'as pris du galon que je vais fermer ma gueule.

- Ça n'a rien à voir.

- Oh que si ! J'espère que tu vas pas te laisser corrompre.

- Comment ça ?

- Tu sais bien. Fais pas l'con.

Moulay Elbali avait parfois du mal avec son amie. D'un côté elle le fascinait. Avec ses traits juvéniles et ses cheveux bouclés, elle était comme une sauvageonne avec des accès de douceur étonnants. Mais elle était sans concession. En tenant compte des enjeux, et en arrondissant les angles, elle aurait pu monter rapidement les échelons. Son look de beurette rebelle aurait séduit maints responsables à la recherche de nouvelles têtes pour satisfaire aux exigences de la diversité. On a même vu une de ces beurettes devenir secrétaire d'Etat. Mais Fatia Zerka n'en avait cure. Elle était donc restée une militante de base.

- Alors, que te voulait le boss ?

- Rien de particulier. Simplement resserrer la surveillance et l'avertir en cas de pépin.

- Ils ont les chocottes, hein ! les gros bonnets, là-haut.

Il haussa les épaules, résigné. Engoncé dans son parka, un gros bonnet enfoncé jusqu'aux sourcils, il leva les yeux vers la loge présidentielle. Derrière l'immense baie vitrée, environnés d'une douce chaleur, les privilégiés devaient partager champagne et petits fours, comploter agréablement, poser les jalons de tendres aventures.

Elle n'avait pas le droit de l'attaquer, même indirectement. Il faisait tout pour réussir, et pas seulement pour lui-même. Sa réussite sera la leur. Ils pourraient quitter la banlieue, vivre dans un appartement chouette à Paris.

Moulay lui racontait tout. Même les espérances suscitées par la réunion au siège de l'UEJF. Confirmées d'ailleurs par une convocation à peine déguisée à rencontrer le président dans les locaux de l'Union des étudiants juifs de France à Dauphine. Et de nouveau sous les drapeaux israéliens, Raphaël Nabab avait aiguillé la conversation sur la vision de SOS Racisme, ses priorités et ses alliances. Elbali avait répondu en fonction de ce qu'on attendait de lui. Les militantes juives tournoyaient, rieuses et charmantes, trop expansives pour être sincères. Il avait désormais conscience du poids de l'interdit ethnique.

- Je vais faire un tour.

- Va, mon cœur !

Rasséréné par cette réponse inespérée, il s'engagea dans les travées, s'enquit auprès des militants. Les gamins étaient un peu turbulents, sans plus.

Il envoya un SMS pour rassurer le président. Soroporo devait aussi soigner sa sortie. Des rumeurs circulaient sur quelques affectations juteuses. Un bel avenir s'ouvrait devant lui.

Elbali se trouvait dans l'antichambre du pouvoir. La concurrence était feutrée, mais rude. Seule la place de numéro un ouvrait grandes les portes. Un jour peut-être, il se retrouvera derrière la baie vitrée. Le test de ce soir était capital. Refoulant ses sentiments personnels, faisant fi des symboles de l'omniprésence israélienne, il était plus déterminé que jamais.

Comme dans une vraie compétition, des joueurs firent leur entrée sur le terrain, et s'alignèrent face à la tribune officielle. Trois arbitres séparaient les deux équipes. Les footballeurs étaient à peine plus âgés que les gamins de banlieue. Ils secouaient leurs membres pour échapper au froid. Les couleurs de leurs maillots ne laissaient aucun doute sur leur nationalité.

Ils regardaient droit devant eux, bien concentrés, comme les grands. Mais il y avait une grande part d'affectation.

Les joueurs israéliens semblaient plus décontractés. Pour la plupart, un voyage à l'étranger n'avait rien d'exceptionnel. Leur entraîneur, en survêtement bleu et blanc, leur adressait de loin quelques recommandations tranquilles.

Du côté palestinien, l'entraîneur s'effaçait derrière un homme en costume, sourcilleux et fébrile, ne connaissant pas grand-chose au football. Ses exhortations se perdaient dans l'air glacé.

Ses compatriotes portaient sur leurs frêles épaules de lourdes responsabilités. Prendre l'avion relevait déjà du miracle. Eux qui louvoyaient entre les barrages et les patrouilles des sinistres garde-frontières, pour aller au lycée, consulter un médecin, ou assister à une fête de famille. La mer était à quelques kilomètres, mais il n'avaient jamais pu la voir. Enfermés, contrôlés, harcelés au quotidien, et partir soudain en France. Une parenthèse de liberté inouïe. Mais c'était pour jouer contre l'ennemi. Dans trois ou quatre ans, leurs adversaires porteront l'uniforme et la mitraillette, les humilieront aux barrages, détruiront leurs maisons, les tortureront peut-être. Mais voilà, ils devaient ravaler leur haine et entrer dans le jeu. Eviter le moindre incident pour ne pas causer d'ennuis à leurs pères, fonctionnaires de l'Autorité palestinienne, principale dispensatrice de faveurs et de rétributions. On les avait d'ailleurs choisis à dessein. Et on les avait enjoints de faire honneur au drapeau. Ils devaient montrer le nouveau visage de la Palestine, pacifique et modérée, attendant de la communauté internationale l'application du droit et de la justice. On les avait mis en garde contre les gestes inconsidérés, les propos vindicatifs. L'extrémisme mène droit au mur. L'homme en costume leur rappelait pour la énième fois leur mission sacrée. Ils devaient oublier tous leurs tracas et jouer, comme s'ils jouaient contre des Français ou des Egyptiens. Se montrer supérieurs à leurs adversaires, en rendant le bien pour le mal. Le résultat sportif importait peu. L'essentiel résidait dans la dignité. Ils étaient les messagers de la paix. Grâce à eux, on fera avancer la cause de la Palestine, car c'est une cause juste, devant Dieu et les hommes.

Le regard des joueurs gardait une fixité effrayante. Le froid les transperçait. Ils n'avaient presque rien vu de la France, et ils n'espéraient qu'une chose : Que ce soit fini.

Une sensation étrange enveloppait le stade. Des personnages liliputiens perdus sur une scène démesurée, et figés dans leur rôle. Le temps semblait suspendu. L'engourdissement gagnait même les partisans juifs. Un grain grippait le mécanisme.

Les personnalités auraient déjà dû se trouver à leur poste. Mais les derniers conciliabules et les questions de préséance – sans compter le froid – les retardaient. Les femmes, avec leurs talons hauts et le reste, réalisaient que ce ne sera pas une partie de plaisir.

Comprenant l'urgence de la situation, le président du PSG pressa Bertrand Delanoix de faire un discours, et même un long. D'une voix immédiatement vibrante, le maire de Paris entra dans le vif du sujet. Son image apparut sur les écrans, et provoqua des huées parmi les gamins.

- Aujourd'hui est presque une date historique. C'est une étape importante, sinon essentielle, sur la voie de la paix. Le conflit entre les Israéliens et les Palestiniens nous remplit de douleur et de tristesse. Tant de sang versé, tant de larmes, entre deux peuples condamnés à coexister. Les obstacles paraissent insurmontables, mais la solution nous la connaissons. Deux Etats vivant côte à côte, s'entraidant et se respectant. Oui, cela est possible, cela est faisable. Car dans les deux camps, l'écrasante majorité veut la paix et rejette la violence. Mais avant d'y arriver, les adversaires d'aujourd'hui doivent apprendre à se connaître, autrement que sur des champs de bataille, grâce à des rencontres de toutes sortes. Y a-t-il plus beau symbole qu'une confrontation sur un terrain de football, où chaque équipe défend ses couleurs avec fair-play ? Car à l'issue d'un match loyal, seule la paix est victorieuse. Il n'y a pas de place ici pour ceux qui soufflent sur les braises et ressassent les mêmes critiques. Quoi qu'on dise, n'est-ce pas là une preuve de la bonne volonté d'Israël qui, malgré les menaces qui pèsent sur sa sécurité, permet à de jeunes palestiniens et à leurs accompagnateurs de quitter les Territoires et d'y revenir en toute quiétude ? Nous, nous travaillons résolument pour la paix. Je remercie l'ambassade d'Israël et la représentation de la Palestine, le président du PSG, l'Union des patrons juifs de France et son illustre président, les artistes, les médias présents, et tous les militants de l'Union des étudiants juifs de France et de SOS Racisme. Et maintenant, place au football !

Le discours souleva une approbation quasi unanime. Les plus avertis comprirent le message. Uri Sulitzer échangea un sourire entendu avec les responsables de la manifestation, des *sayanim* pour la plupart. Mais la déléguée de la Palestine et son adjoint gardèrent une réserve manifeste. Enrico Faciès était l'un des rares à se lever et à applaudir frénétiquement. Le grand chanteur pied-noir y croyait véritablement. Un homme élégant, aux cheveux argentés, enveloppé dans un manteau en cachemire, glissa quelques mots à l'oreille de Moutomann. La belle blonde les accueillit en se trémoussant. Malgré son âge, Maurice Lésine gardait une prestance impressionnante, magnifiée par ses titres : PDG de Publicis, administrateur au MEDEF, et nouveau président de l'Union des patrons juifs de France. Tous ceux qui s'étaient laissé aller à rêver rendaient déjà les armes. Mamadou Soroporo voyait une nouvelle fois la chance s'envoler. Seul Raphaël Nabab observait avec curiosité les prémices de cette idylle.

Une caméra les filmait. Personne ne s'en formalisait. On connaissait le metteur en scène. Il n'y aura pas de mauvaise surprise au montage. Daniel Lecon était un ami de MST, et son obligé. Le philosophe présidait le conseil de surveillance d'ARTE, et avait dirigé le Centre national de la cinématographie. Lecon lui devait en grande partie sa carrière de réalisateur et ses fonctions sur la chaîne franco-allemande. Il était là en service commandé.

L'attaché culturel à l'ambassade d'Israël s'approcha de Laïla Soudry et lui annonça, avec une complaisance trop appuyée, qu'on allait jouer en premier l'hymne palestinien. La déléguée de la Palestine acquiesça avec une feinte reconnaissance.

Elle était encore jeune, mince et élancée. Habillée d'un tailleur strict. Elle avait des cheveux noirs et une peau laiteuse. Petite-fille de réfugiés de 1948 et fille de réfugiés de 1967, Soudry se battait pour le rétablissement des droits de son peuple. Ses études à la Sorbonne et à l'Institut d'études politiques lui avaient ouvert les portes de la Délégation palestinienne. La tâche semblait insurmontable. L'Europe avait décidé d'appuyer, coûte que coûte, l'Etat d'Israël, même dans ses politiques les plus inhumaines. Et les médias suivaient, résolument, aveuglément. Et lorsqu'une voix s'élevait pour dénoncer l'injustice, un lobby aux ramifications puissantes s'arrangeait pour la faire taire ou la discréditer. Mais une cause juste finissait par triompher. L'histoire récente avait montré la fugacité du fait colonial. L'évolution était déjà en marche. Laïla le voyait lors de ses passages dans les institutions de jeunes. De multiples associations se mobilisaient pour la Palestine. C'était un mouvement de fond, irrésistible. Mais en attendant, elle devait participer à ces manifestations illusoires pour la paix. Comme si cela allait changer quelque chose ! Elle pensait à ces jeunes footballeurs, objets de marchandage de grande politique, qui après leur match allaient se retrouver à la merci des colons et des militaires israéliens. Derrière ses sourires, son cœur saignait. Tout le monde était venu la saluer, lui dire à quel point la paix était souhaitable, mais personne n'avait évoqué l'occupation, et son cortège de destructions et d'humiliations. Est-ce que la paix allait descendre en parachute pendant la mi-temps, comme un cadeau du ciel ?

Laïla Soudry se leva, raide et digne. Le visage impassible. Elle écouta l'hymne de son peuple – offrande de l'occupant tout-puissant – puis celui d'Israël. Le rapport de force était partout. Face à une tribune juvénile, remuant de minuscules drapeaux palestiniens, les partisans d'Israël étaient plus costauds, mieux équipés, et d'une assurance inébranlable.

Le match commença enfin. Les joueurs démarrèrent sur un rythme effréné. Sans la période d'observation, comme diraient les spécialistes. Ils se retrouvaient dans leur élément. Plus rien d'autre ne comptait. Ils voulaient en découdre. Le jeu les avait happés. En quelques minutes, ils avaient oublié le reste.

Les deux tribunes prenaient leurs marques. Aucun attentisme du côté juif. Face au déferlement bleu et blanc, les gamins semblaient saisir enfin les enjeux. Par réaction, et par sympathie instinctive, ils avaient élu leur équipe de cœur. Quelques slogans en arabe commençaient à fuser de leurs rangs.

Mais dans la tribune officielle, on se désintéressait totalement de la partie. Même les habitués des matchs officiels n'en avaient cure. Les retransmissions télévisées les obligeaient à garder une attitude digne et intéressée. Des fois que la caméra les surprendrait en train de bâiller ou de dormir. L'esprit ailleurs mais la mine concentrée : telle était leur obsession.

Là ce n'était pas du direct. Le cinéaste était bien trop scrupuleux pour leur jouer un tour au montage. Les gens se déplaçaient, donnant parfois le dos au terrain, et poursuivaient leurs petites affaires. Certains faisaient même un détour par la loge pour rapporter une coupe.

Assis en hauteur, Moulay Elbali avait une vue sur les gamins et les militants qui les encadraient. Le match aussi le fascinait. Les joueurs se démenaient, comme si leur vie dépendait du ballon. Fatia s'abandonnait contre lui. Comme si aucune friction n'avait jamais existé. La tribune des Juifs l'intriguait, mais il n'osait pas la fixer, de peur que son amie ne fît de même, et ne relançât une autre polémique. Il passa rapidement vers la tribune officielle. Le spectacle semblait assez édifiant. Tout ce beau monde s'en donnait à cœur joie. Il tenta de suivre des silhouettes connues. La blondeur de Moutomann. La corpulence de Soroporo. Un début d'agitation le surprit soudain. L'apparition d'un homme bien bâti, brun, barbu. Probablement un Arabe. Ils ne devaient pas être nombreux, pensa-t-il.

Arrivé à la tribune, Ismaël Hadari marqua un temps d'arrêt. Il portait un costume noir et une chemise fermée sans col. Grand, légèrement corpulent, sûr de lui. Quelques secondes passèrent avant les premières réactions. Raphaël Nabab se précipita vers lui, suivi par d'autres. Le président de l'UEJF le salua chaleureusement, avec une pointe de reconnaissance. Son soulagement était visible. Il fit signe au cinéaste d'immortaliser la scène. C'était le seul Français d'origine arabe, exerçant d'importantes fonctions dans sa communauté, qui s'était déplacé. L'événement prenait enfin sa véritable dimension. Raphaël eut une pensée émue pour ceux qui l'avaient rendu possible.

Hadari était membre du Conseil français du culte musulman, proche du recteur de la Mosquée de Paris. Homme d'affaires, la quarantaine à peine entamée, il faisait partie de cette génération d'Arabes nés en France, et se revendiquant comme tels, sans complexe. La Mosquée de Paris, comme les autres institutions musulmanes, avaient bien reçu l'invitation à participer à cet événement exceptionnel, censé relancer la paix au Proche-Orient. Mais les Arabes estimaient avoir déjà donné. D'autres événements aussi « exceptionnels » n'avaient mené à rien, sinon à donner à l'occupation israélienne un vernis de normalité. Mais c'était sans compter avec la personnalité du recteur. D'lil Boubakhar avait gardé les attributs du notable traditionnel, qui admirait et craignait la puissance coloniale. Tout en rondeurs et en compromissions. Ce qu'on traduisait par la posture de modéré. La classe politique et les médias l'en louaient continuellement. Et il y travaillait, à sa « modération ». Il y eut d'abord l'appel de MST : « D'lil, faites-le pour la paix ». Puis celui de Delanoix : « La Mairie de Paris saura s'en souvenir ». Et enfin un conseiller de Matignon : « Monsieur Boubakhar, le premier Ministre tient personnellement au succès de cette opération ». Mais par prudence, et ne jugeant pas l'événement à sa mesure, le recteur pressa son jeune compagnon de le représenter.

Une dérobade était impensable. La diplomatie nécessitait quelques aménagements. Aussi Ismaël s'y rendit, mais avec la ferme intention de ne pas jouer le rôle qu'on lui réservait. Son retard avait été calculé pour sauter le cérémonial d'auto-célébration. Et il avait renoncé à la cravate. Sa chemise ressemblait à celles que portent – un hasard de plus – les opposants les plus déterminés à la politique israélienne.

Les salutations se poursuivirent avec les amabilités d'usage. Il salua Laïla Soudry an arabe. Gardant sa main dans la sienne, il lui déclara, avec une émotion non-feinte :

- Chère Madame, c'est un immense plaisir de vous revoir. Le recteur de la Mosquée de Paris vous salue profondément. Ainsi que tout le Conseil français du culte musulman, en mon nom. Nous sommes de tout cœur avec vous. Tenez bon. La justice finira par triompher. Et le peuple palestinien récupérera ses droits. Tous ses droits.

Cela ressemblait aux formules traditionnelles, mais Raphaël Nabab en ressentit un malaise indicible. Quelque chose dans le ton et la gestuelle. Les mêmes mots, prononcés par le recteur, l'auraient plutôt amusé. C'était la règle du jeu. On connaissait la prédilection des Arabes pour l'emphase. Mais le visiteur semblait vraiment y croire. C'était quasiment de la provocation. Le président de l'UEJF l'avait pourtant rencontré, lors de ces cérémonies où on célèbre la coexistence tous azimuts. Hadari passait pour un homme moderne, ouvert au dialogue. Un adversaire des organisations extrémistes. Et Lecon qui continuait à filmer ! Encore un problème à régler plus tard. Quelle désillusion ! Son accoutrement, auquel il n'avait pas prêté attention, renforça soudain son pressentiment. Ismaël était habillé comme un membre de l'UOIF, ou pire, comme un Iranien. Raphaël croisa le regard d'Uri Sulitzer, et crut y lire : « Les Arabes, c'est versatile ». Il devait se ressaisir. La tension brouillait peut-être sa perspicacité. Il avisa Maurice Lésine, et décida de lui confier son invité. Entre businessmen, le courant passait autrement. Mais il y avait Moutomann, en vamp langoureuse. Nabab lui commanda sans façon :

- Audrey ! Va chercher du champagne !

La blonde fit mine de se rebiffer, mais le regard de son président, et le silence de son protecteur, l'amenèrent à plus de discernement. Elle s'en alla en se tortillant, leur faisant prendre conscience de la perte qu'ils s'infligeaient.

Le PDG de Publicis comprit le manège et l'accepta de bonne grâce. Depuis peu, il se rapprochait de la Communauté juive, et voulait se montrer utile. Allant même jusqu'à devenir *sayan*. Lui, le pape de la publicité. Accessoirement informateur de Sulitzer. Il avait tout eu. Un désir de sagesse le gagnait, venant probablement de son grand-père rabbin à Casablanca. Mais sans aller jusqu'à renoncer aux délices trompeuses de l'amour. La blonde reviendra, encore mieux disposée. Une bonne leçon n'est jamais de trop. En perspective, un week-end en jet privé à Venise. Raphaël avait été rude, mais efficace. Un vrai meneur d'hommes. Voilà un bon élément pour sa société. Mais il y avait plus urgent. Maurice se montra d'une courtoisie exquise.

- Ahlan ! Comment allez-vous, cher ami ?

- Bien, merci. Et vous-même ?

- Grâce à Dieu !

Ils se donnèrent l'accolade, comme deux vieux complices. Nabab repartit, soulagé. En fait, ils se connaissaient à peine.

- Comment va Si Boubakhar ?

- Il va bien.

- Je regrette qu'il ne soit pas venu. Transmettez-lui mes amitiés.

- Je n'y manquerai pas. Il avait des obligations importantes ce soir.

- Je comprends. Ah, nous nous connaissons depuis plus de… quarante ans. Un excellent homme.

- En effet, confirma prudemment Ismaël.

Ils firent mine de s'intéresser au match.

- Dans quel domaine êtes-vous ?

- J'ai une entreprise de transports.

- Formidable ! Ça fait plaisir de voir des compatriotes réussir. Que diriez-vous d'une petite campagne d'affichage ?

- M. Lésine ! Je n'ai ni les moyens ni l'envergure de me payer Publicis.

- Appelez-moi Maurice. Vous m'êtes très sympathique. J'avais l'intention de vous l'offrir. À mon âge, on aime bien faire quelques cadeaux.

- C'est très aimable.

- J'ai aussi quelque influence au MEDEF, et d'autres organisations patronales. Si vous avez besoin d'un coup de main, n'hésitez pas.

Ils se jaugeaient, avec le sourire. Ismaël était assez perplexe. Tant de bienveillance, pour un Arabe ! Dans un contexte international pour le moins tendu. Voilà ce qu'il admirait chez les Juifs. La capacité de s'unir pour une cause, et la défendre avec intelligence, en y mettant tous les moyens. Lui aussi rêvait d'une Communauté arabe bien structurée et solidaire, dont une union des patrons arabes, d'abord pour la défense de leurs intérêts, et pour soutenir leurs frères palestiniens. Dans cette société, seules les minorités organisées ont une chance de se faire entendre.

- Belle soirée, n'est-ce pas ?

- Certes.

- C'est important de travailler ensemble, pour faire avancer la paix.

Hadari hésita quelques instants.

- Maurice, je vous admire beaucoup. Votre réussite, votre personnalité. Je pense que vous pouvez comprendre. On ne peut pas repousser aux calendes grecques une solution juste et raisonnable. C'est faire le jeu des extrémistes. Vous voyez où je veux en venir ?

- Bien sûr, bien sûr !

Au fond de lui, Lésine ne pouvait lui donner tort. Mais c'était tellement complexe. Cet homme lui paraissait raisonnable. Certes, le recteur de la Mosquée s'était toujours montré accommodant. Mais il fallait traiter avec la nouvelle génération, et traiter sans faux-semblants. Il soupira devant l'immensité de la tâche. Heureusement Moutomann revenait avec une bouteille de champagne, dégageant des effluves étourdissants.

Hadari en profita pour prendre congé. Malgré les protestations de Maurice. Ces jeux ne lui convenaient pas. De toutes façons, la mi-temps approchait, et il ne souhaitait pas être entraîné dans le tourbillon de la fête, soumis au tintamarre des proclamations pacificatrices, toujours à sens unique. Il avait fait acte de présence. Lésine lui inspirait confiance. Alors il avait lancé son message, semé une petite graine. Mais ce n'était pas une question de personne. La plupart des invités de ce soir avaient certainement des intentions louables. Le problème se trouvait ailleurs. Les principes en eux-mêmes pèsent peu s'ils ne sont pas soutenus par un rapport de force favorable. Pourquoi la Palestine peinait à faire entendre sa voix, bien que le droit et la justice fussent de son côté ? Question d'organisation, donc d'influence. La Communauté arabe devait se constituer en groupe de pression, et peser à tous les niveaux, surtout politique et médiatique. Finalement, le déplacement ne fut pas inutile. La prochaine fois, il viendra avec une délégation, pour s'inspirer de leurs méthodes.

Pendant qu'il quittait la tribune, l'arbitre sifflait la mi-temps. Il y eut la cohue pour rejoindre la loge présidentielle. Mais c'était une cohue enthousiaste. On allait continuer à célébrer cette grandiose manifestation pour la paix.

10

« Ensemble, éclairons le monde ». L'affiche ressemblait, en beaucoup plus petit, aux panneaux publicitaires géants, disséminés à travers Paris, et probablement au-delà. Aucune référence religieuse ou idéologique. Juste le nom de la fête, la photo d'un chandelier, et le slogan. Et ce slogan le ravissait.

Pierre Schumann venait d'allumer les cinq bougies, de droite à gauche, comme on le lui avait indiqué, puis celle du haut, à part, dressée comme une vigie.

Il y avait bien une bénédiction appropriée, mais il ne la connaissait pas, et ne tenait pas à l'apprendre. La veille, il avait assisté à l'allumage des quatre bougies, avec tout le cérémonial. Les hommes portaient la kippa, les femmes avaient mis un foulard. Sans le Bnaï Brit, il n'aurait pas su que la fête de *Hanouka* existait. C'était d'ailleurs la première fois qu'il allumait sa propre *Ménora*. Il y aurait aussi, dit-on, une bénédiction spécifique pour les premières fois.

Cette *Ménora* lui fut envoyée par l'ambassade d'Israël, avec les compliments de l'attaché culturel. Un chandelier argenté, légèrement ciselé, accompagné de trois boîtes de bougies.

Sa tête restait découverte. Seul dans son bureau de la rue Cadet. Seul avec sa conscience. Il refusait tout rituel à contenu religieux.

La question de l'emplacement fut rapidement évacuée. Après trente années d'un mariage équilibré, il n'allait pas introduire chez lui un élément potentiel de discorde.

Mieux même. La *Ménora* n'aurait pu trouver meilleur réceptacle que dans ce bureau, au milieu des emblèmes maçonniques. Dépouillée de ses aspects religieux, elle exprimait un des symboles les plus puissants de la franc-maçonnerie. C'est en cela que le slogan lui apparaissait d'une pertinence étonnante.

« Ensemble, éclairons le monde ». Il avait punaisé l'affiche au-dessus du chandelier, lui-même posé sur la table à café. Il se tracassait déjà pour la suite. Les laisser, ou les ranger dans son casier ? C'est qu'ils étaient trois conseillers à se partager la pièce. Pierre aurait voulu les tester sur un collègue. Son argumentaire était déjà rodé.

Quoi de plus authentiquement maçonnique que la volonté d'éclairer ? La lumière est la première chose qu'on offre au nouvel initié, lorsque le bandeau lui est retiré. Il aborde sa vie de franc-maçon en quittant les ténèbres. La lumière, c'est le refus de l'ignorance et la recherche de la vérité. La recevoir signifie le passage à l'état d'homme libre et conscient.

Le slogan aurait pu germer dans l'esprit d'un franc-maçon, tant il collait à ses idéaux. Pourtant… Fraîchement initié aux intrigues, il connaissait les dessous de cette campagne, montée par un publicitaire affilié au Bnaï Brit, à des fins autres qu'humanistes. Et cela le gênait aux entournures.

La conscience est une affaire bien personnelle. Pourquoi d'autres francs-maçons juifs, avec la même ancienneté, et exerçant des responsabilités équivalentes, n'y voyaient aucun inconvénient ? Ils y adhéraient avec un tel enthousiasme, on aurait dit une action civilisatrice désintéressée.

Il pensa en premier lieu à Moïse Lévy, parce qu'il attendait son appel. Il consulta sa montre, fit une moue indécise. Moïse était une connaissance de fraîche date. Uri Sulitzer les avait rapprochés. Le frère ne lui était pas inconnu. Lévy était le secrétaire quasi perpétuel de la Commission des droits de l'homme, qui se réunissait rue Puteaux, et ouverte aux frères et aux sœurs des obédiences amies. Ce qui faisait de lui un personnage important. Mais Pierre n'y avait jamais assisté.

L'idée s'incrustait dans son esprit. Il se demandait si Moïse n'était pas un pied-noir. Certaines attitudes le laisseraient supposer. La fréquentation des séfarades l'avait suffisamment instruit. Le nom ne lui était d'aucun secours. Lévy pouvait bien appartenir à l'une ou l'autre communauté.

Il ne le connaissait pas véritablement. Ils ne s'étaient jamais entretenu en tête-à-tête. Il l'avait rencontré lors de la soirée organisée pour fêter son élection au Conseil de l'Ordre. Il avait alors noté l'exubérance et les affinités ethniques. Et certains excès de langage l'avaient quelque peu contrarié.

Pierre avait dû honorer de sa présence la loge de Gilles Talibani. Autres déconvenues. Comme il avait dû se rendre à l'invitation de Moïse Lévy. Malgré un horaire propice aux fonctionnaires et aux retraités. La Commission des droits de l'homme ouvrait ses travaux à dix-huit heures. Le grand Temple de la rue Puteaux était à moitié vide. Il s'installa sur la rangée supérieure. La plupart des frères et des sœurs se connaissaient. Lévy fit son apparition avec trois minutes de retard, et mit autant de temps pour les salutations d'usage, avant de s'installer au plateau de l'orateur. Souriant et content de lui, il présenta la conférencière. Le débat portait sur les tentatives visant à restreindre un droit à l'avortement chèrement acquis.

Il avait attendu la fin, et l'interminable cérémonial des triples accolades, pour aller le saluer. Lévy conservait encore des ressources inépuisables pour les débordements fraternels.

Un des traits les moins antipathiques chez les séfarades, c'était la notion élastique des horaires. Il consulta de nouveau sa montre, et soupira. Heureusement il y avait la magie des lumières. Le téléphone sonna.

- Pierre ? C'est Moïse. Comment vas-tu, mon frère ?

Il éloigna l'écouteur de son oreille.

- Bien. Merci. Et toi ?

- Bonne fête !

- Pardon ?

- La fête de *Hanouka*, pardi !

- Ah oui ! Bien sûr !

- Comment ? Tu n'as pas allumé ?

- Si ! Justement. Les cinq bougies brillent dans mon bureau.

- Bravo ! J'ai l'impression que tu n'es pas très porté sur la tradition.

- Je vais te faire une confidence. C'est la première fois que je le fais. Grâce au cadeau d'Uri.

- Mazel tov !

Lévy semblait retenir son souffle, puis :

- As-tu fait la bénédiction ?

- Non. À vrai dire, je ne la connais pas.

- Alors, ça n'a aucune valeur.

Pierre ressentit le besoin de se justifier.

- Je ne l'ai pas allumée dans un but religieux, mais pour le symbole. Es-tu pratiquant ?

- Pas vraiment. Disons traditionaliste. Comme la majorité des Juifs de chez nous.

L'occasion semblait propice.

- Alors, tu es séfarade ?

- Effectivement, je suis originaire du Maroc.

Schumann voulut revenir au grand projet.

- J'ai étudié un peu la question. Voir si l'idée de Sulitzer était réalisable. J'ai donc fait une planche dans mon atelier, en évoquant *Hanouka*, et le symbolisme de la lumière.

- Qu'est-ce que ça a donné ?

- Un débat convenu. J'ai eu l'impression qu'on n'allait pas au fond des choses. À cause de ma position, sûrement. Mais c'est un pas dans la bonne direction.

- Tu aurais pu nous appeler en renfort. On aurait allumé le feu. Rien ne vaut une bonne provocation. Ça fait avancer les choses.

Pierre toussota.

- Je crois fermement au projet, Moïse. Indépendamment de Sulitzer. C'est une démarche humaniste, en symbiose avec notre philosophie. Il suffirait de la présenter sous son vrai jour pour la rendre acceptable.

- Sur le fond, je t'approuve. Je suis maçon depuis trente ans. Mais il faut qu'on réussisse à la prochaine fête, coûte que coûte. Rappelle-toi ce qu'a dit Uri. *Hanouka* doit devenir une notion familière. Un message universel de paix, symbolisant la liberté, et lié à l'histoire du peuple juif. L'identification avec Israël se fera naturellement. D'où le gain médiatique.

Justement, il n'aimait pas s'en rappeler. Pas de cette façon-là. Schumann aimait à penser que seul l'idéal maçonnique le motivait, même si cela pouvait avoir quelques incidences positives sur un combat qu'il faisait sien depuis peu, un peu à contrecœur.

- Peut-être pas à la prochaine.

- Et pourquoi pas ?

- On verra comment ça va se passer avec la TBF. De ton côté, auras-tu la possibilité d'organiser une conférence sur ce thème ?

- T'en fais pas. Je fais ce que je veux à la Commission.

Pierre sursauta. Quelqu'un mettait une clé dans la serrure et frappait en même temps. Il cria : « Entre ! » et dit à Moïse :

- Ne quitte pas !

Ce ne pouvait être que l'un des deux conseillers qui partageaient le bureau. Il se demandait lequel. Sa réaction devant la *Ménora* serait instructive.

Il fut contrarié en voyant entrer Paul Estrosi, un avocat marseillais, qui passait pour un grand défenseur de la laïcité, à la manière des francs-maçons de la troisième République. Sinon c'était un homme jovial, et un humaniste. Ils s'embrassèrent avec effusion.

- Installe-toi. Je peux reprendre la communication ailleurs.

- Te dérange pas. Je dépose le manteau et je prends un dossier.

Mais il s'arrêta devant le chandelier, observa l'affiche, revint vers Pierre. Manifestement, il attendait une explication. Schumann raccrocha en s'excusant.

- C'est la fête des lumières, en termes profanes. Elle représente pour les Juifs un moment de liberté dans leur histoire. Les religieux la célèbrent avec des prières. Les laïcs, comme moi, y voient un message de progrès. C'est la lumière qui éclaire le monde.

Estrosi caressait sa belle moustache grise bien fournie.

- Pourquoi seulement cinq bougies ?

- La fête dure huit jours, et chaque soir on allume une bougie de plus.

- Je ne l'ai jamais vue avant.

- Je m'y intéresse depuis peu. J'ai découvert à quel point le message de la fête ressemble au nôtre. J'ai d'ailleurs fait une planche sur ce thème. Je peux te passer une copie, si tu veux.

- Volontiers. Au fait, tu pourrais nous faire un petit topo à notre prochaine réunion.

- Penses-tu que ce soit opportun ?

- Bien entendu. Je vais en parler au Grand Secrétaire. Bon, salut, j'ai une tenue. Je suppose que le chandelier va rester encore trois jours.

Dès qu'il sortit, Pierre rappela son ami, et lui raconta par le menu.

- C'est un miracle. C'est le miracle de *Hanouka*. La fête est propice aux miracles. D'ailleurs, le chiffre de huit jours a pour origine un miracle. Le savais-tu ?

- Non. Mais peu importe. Y crois-tu vraiment ?

- Ecoute, ce concours de circonstances, c'est merveilleux, non ?

- Des coïncidences heureuses.

- Si on veut jouer sur les mots.

Pierre se retint de polémiquer. Que la Grande Loge établît le Grand Architecte de l'univers comme principe intangible, cela pouvait se défendre. Mais de là à en appeler au surnaturel… Il se souvenait que chez les séfarades, quel que fût leur degré de culture, il restait une part d'irrationalité, avec des débordements mystiques.

- Es-tu au courant de l'initiative de Gilles ?

- Dis-moi.

- En tant que vénérable, il a adressé à toutes les loges du Grand Orient un texte sur *Hanouka*, reprenant le slogan de l'affiche, et les convergences avec les idéaux maçonniques. Un texte remarquable.

- Talibani ?

Il y avait une nuance d'incrédulité dans sa voix.

- En fait, nous étions trois à le finaliser. Sulitzer, Gilles et moi. Il fallait peser chaque mot pour désamorcer une polémique.

- Et les réactions ?

- On ne sait pas encore. Certains vénérables l'ont lu. En général, on ne commente pas ce genre de missive.

- C'est un bon point pour la préparation de la tenue blanche fermée.

- Indiscutablement. Les frères se seront familiarisés avec la problématique, et le thème de la TBF passera comme une lettre à la poste.

- Qui en assumera l'organisation ?

- J'ai pensé à un groupe d'une douzaine d'ateliers d'obédiences différentes. Celui de Gilles n'apparaîtra pas, c'est plus prudent. Je compte sur toi pour enrôler au moins deux loges de ton obédience. Ça fera œcuménique. Genre message maçonnique universel.

- Tu les auras.

- Il faudra aussi convaincre plusieurs dignitaires d'y assister. Ce sera une caution morale indiscutable. J'imagine déjà le Grand Temple, le cérémonial des grandes occasions, et *Hanouka* au centre des débats.

- Grandiose !

- Si c'est un succès, comme je l'espère, on pourra faire accepter l'idée d'une petite *Ménora* dans le hall, en décembre prochain.

- Pourquoi petite ?

- C'est plus facile à faire passer. Après, on l'agrandira.

Un silence s'installa entre eux. Un silence complice, pour digérer ces perspectives réjouissantes.

- Il ne reste plus qu'à trouver le conférencier idoine.

- Je suggère André Gloupsmann.

- Le philosophe ?

- Exactement. Pour une tenue blanche fermée, il faut un profane. Le Bnaï Brit n'est pas reconnu comme obédience maçonnique. Sa réputation n'est plus à faire. Il a une grande culture juive. C'est un excellent débatteur. Et surtout, il est totalement acquis à la cause.

- Justement. De ce que j'ai lu dans *Le Monde*, c'est quelqu'un qui suscite la controverse. Je crains que cela ne rejaillisse sur le climat de la conférence.

- Il ne faut pas craindre le débat. Au contraire. Il suffit de bien le briefer. Pour ça, on peut lui faire confiance. Alors ?

Pierre hésitait, mais il n'avait aucun nom à proposer.

- Je peux le contacter facilement. Je l'ai déjà invité à la Commission des droits de l'homme. Le public était enthousiaste.

- Ça demande réflexion.

- C'est pour quand, la TBF ?

- Le mois de mai.

- Dans cinq mois ! On ne peut pas attendre. Il a un agenda très chargé.

Schumann n'arrivait pas encore à donner son accord.

- N'oublie pas une chose, Pierre. Gloupsmann est un intime de MST. Tu peux imaginer les relais médiatiques. Avec lui, la TBF ne restera pas confinée au Grand Orient, mais aura un retentissement général.

- Tu m'as convaincu. Arrange-toi avec lui pour une date, et en fonction de celle-ci, je réserverai le grand temple.

- Cela me donne une idée. Je vais l'inviter à la Commission pour une conférence sur le même thème. Ça lui fera un entraînement. Et pour que, dans le milieu maçonnique, la fête juive de *Hanouka* rime avec liberté, solidarité, humanité, spiritualité, souveraineté.

- Ensemble, éclairons le monde.

- Voilà ! Et que nos ennemis arrêtent de nous faire chier avec Israël.

Pierre soupira. Pourquoi les séfarades finissent-ils par déraper vers des expressions triviales, rompant ainsi le charme des échanges élevés ? Certes, il n'était pas loin d'avoir la même réflexion. Mais devait-il le rappeler aussi brutalement ? Rappeler ces manœuvres, hélas nécessaires, mais pour la bonne cause ?

Mais puisqu'il retombait dans ces réalités, l'autre problème, autrement plus délicat, lui revint en mémoire.

- Moïse, as-tu déjà pris des contacts dans ton obédience, pour faire traduire les frères arabes devant la justice maçonnique ? Je dois reconnaître, cette démarche me met mal à l'aise.

- Il ne faut pas, Pierre. Nous sommes engagés dans un combat légitime, et nous devons tout faire pour le gagner. Déjeunons ensemble cette semaine. Et on en reparlera. Maintenant, je dois te quitter. J'ai une tenue. Je t'embrasse.

Les bougies se consumaient lentement. Le spectacle le captivait. C'étaient des bougies bleues torsadées. Il se demandait combien de temps cela prendrait. Pouvait-on les éteindre avant la fin, et éventuellement les réutiliser ? Ces scrupules l'amusèrent. Il regarda sa montre. On l'attendait pour une tenue.

Il déplia le tablier richement décoré, à dominante jaune. On devait le désigner, derrière son dos, comme le « canari », avec ce mélange d'envie et de suspicion. C'était le lot du Conseiller de l'Ordre, ayant intégré le Saint des Saints, et traité comme un illustre dignitaire. Comme il est de bon ton de dénigrer l'arrivisme, ou la « cordonite », les francs-maçons aiment à s'interroger sur les ressorts profonds des ambitions, et forcément des intrigues inavouables, de ceux qui ont atteint ce rang.

Les préjugés sont tenaces, même dans la frange de la population qui se veut la plus éclairée. Ce qu'on refuse d'admettre, c'est que sous les plus belles déclarations perce l'homme. Et aucune doctrine n'a jamais réussi à le rendre meilleur.

Schumann pouvait se regarder dans une glace sans rougir. Son parcours en témoignait. Comme la plupart des profanes, il était entré en maçonnerie sur quelques idées humanistes, et en était devenu un défenseur intransigeant, intégrant également ses pratiques les plus insolites, comme le symbolisme et le rituel. Et comme la majorité des frères, il soupirait avec indulgence devant certains comportements, incompatibles avec les valeurs de l'institution. Mais ne dit-on pas que le franc-maçon est continuellement sur la voie du perfectionnement ?

Aussi avait-il privilégié le cheminement philosophique, occupant des plateaux à dominante symbolique, et s'investissant dans les ateliers supérieurs.

Mais parfois, le destin s'ingénie à inverser ses propres inclinations. Deux ambitions s'étaient manifestées dans son atelier pour le plateau de vénérable maître, qu'un scrutin secret aurait dû départager. Mais elles étaient si violentes, si irréductibles, que toute décision allait entraîner une crise. On lui avait alors demandé de se présenter pour pacifier la loge. Il découvrit une fonction sans pouvoir véritable mais prestigieuse, lourde de responsabilités, et qui faisait perdre la tête à des francs-maçons chevronnés.

Représentant officiel de son atelier dans diverses instances, il fut sollicité pour intégrer une liste de candidature au Conseil de l'Ordre.

Pierre avait aussi l'impression que le destin lui avait joué un autre tour, dans la même veine. L'hérédité religieuse n'avait été pour lui qu'un accident. Il ignorait tout du judaïsme, et se tenait éloigné de toute pratique. Mais dans les ateliers supérieurs, on se référait souvent à l'ancien testament et à la mystique juive. Ayant entendu parler d'une franc-maçonnerie juive, et croyant qu'elle était fondée sur les principes maçonniques universels, il avait adhéré au Bnaï Brit.

Quelle désillusion ! Le Bnaï Brit était plus proche du Rotary. De philosophie ou de mystique juive, il en fut rarement question, et de façon superficielle. Les femmes faisaient assaut d'élégance, et les hommes s'enorgueillissaient de leur statut social. Et la majorité des membres étaient séfarades.

Le plus étrange fut ce glissement progressif vers des préoccupations communautaristes, avec une pincée de religiosité, et un attachement patriotique vis-à-vis d'Israël, aussi viscéral qu'incongru.

Son engagement était relativement récent. Il se préparait à se retirer sur la pointe des pieds, lorsqu'il fut invité par le président de sa loge « Jabotinsky ». Pierre s'y rendit sans méfiance. C'était une maison cossue du Vésinet. Il découvrit avec stupeur qu'il en était le héros. L'état-major du Bnaï Brit voulait fêter son élection au Conseil de l'Ordre du Grand Orient. On lui présenta l'attaché culturel de l'ambassade d'Israël. Il fit la connaissance d'autres francs-maçons, et de personnalités médiatiques. L'apparition de MST enflamma l'assistance. On vivait un événement historique.

Les conversations étaient intéressantes, mais tournaient surtout autour du bonheur de partager des valeurs communes, sous-entendu juives.

Uri Sulitzer avait vite compris l'intérêt de l'embarquer dans sa croisade. Mais l'affaire était délicate. Sa femme était une goy, et il n'avait aucun lien avec la Communauté. Sa présence au Bnaï Brit détonnait. Les témoignages évoquaient un homme assimilé, imperméable à leurs préoccupations. Aussi l'invita-t-il en Israël, avec un groupe d'intellectuels. On leur montra les plus belles réalisations du pays, et on leur fit rencontrer des hommes politiques ouverts et des écrivains de gauche. Avec un message simple. Le peuple juif était embarqué sur le même bateau. La solidarité de tous était essentielle à sa pérennité.

Schumann en était revenu troublé. Il avait ingurgité en quelques jours le concentré d'une histoire jusqu'ici ignorée. Et cette histoire, avec ses drames et ses combats, ne lui était plus étrangère.

La suite se passa dans le bureau de l'attaché culturel. À travers quelques photos marquantes, celui-ci lui refit un cours d'histoire. Comment rester insensible devant les souffrances séculaires, puis la lente et douloureuse renaissance de la nation juive, éprise de paix, mais toujours menacée par des ennemis irréductibles ?

- Tous les Juifs dignes de ce nom apportent une contribution pour soutenir notre État, qui est aussi le leur, ou qui le sera un jour, conclut Sulitzer, en fixant son interlocuteur.

- Une contribution financière ?

Il était soulagé d'avoir son chéquier. La fréquentation du Bnaï Brit lui avait appris à quel point l'argent était primordial. Mais Uri balaya son offre, presque avec dédain.

- Il existe d'autres manières de soutenir Israël. Pierre, laissez-moi d'abord vous dire. On ne demande pas ce genre de services à n'importe qui. Pour vous donner un exemple. Tous ceux qui étaient à la soirée le font dans la mesure de leurs possibilités.

- Tous ? Vraiment ? Même… MST ?

- Tous ! Et ils en sont fiers.

- Mais comment ?

Sulitzer se rejeta vers l'arrière, alluma un cigarillo, but du café. Son silence était calculé. L'affaire semblait dans le sac. Il lui suffisait d'abattre la dernière carte. Il se rapprocha, et déclara, avec gravité :

- Vous ne pouvez pas vous imaginer les menaces auxquelles nous sommes confrontés, partout, même en France. C'est normal après tout. Vous vivez dans un milieu protégé. Ces menaces viennent de gens qui veulent l'anéantissement d'Israël. Oh, ils cachent bien leur jeu. Leurs critiques vont à l'encontre de notre politique. Mais leurs objectifs réels sont bien plus terrifiants.

Pierre frissonna, presque malgré lui.

- On ne demande pas grand-chose. Mais si dans un domaine où vous avez une certaine influence, vous pouvez nous renseigner, ou intervenir d'une certaine façon, sans que cela vous pose un problème de conscience, cela nous aidera. C'est ça, la contribution. Pour défendre notre droit à exister.

Après tout, se dit-il, si des personnes a priori irréprochables le faisaient, pourquoi pas lui ? Que pourrait-on d'ailleurs lui demander ?

- Je veux bien.

- Merci. Merci infiniment. Vous êtes un vrai patriote.

Sulitzer savourait lentement sa victoire.

- Il y a au Grand Orient un frère d'origine palestinienne. On aimerait avoir une copie de son CV maçonnique.

Le visiteur soupesait la requête.

- On le soupçonne fortement d'appartenir à une organisation extrémiste. Il serait là en service commandé, pour infiltrer l'obédience. Il ne vous serait pas indifférent de le démasquer.

Vue sous cet angle, elle ne lui parut pas si extravagante. Mais pour Sulitzer, seule importait la première collaboration. D'ailleurs les renseignement sur ce frère ne lui étaient d'aucune utilité.

- Je crois pouvoir le faire, affirma-t-il.

Par acquit de conscience, Pierre se renseignait régulièrement auprès du secrétariat. Le frère d'origine palestinienne poursuivait tranquillement sa vie maçonnique. Sulitzer avait dû classer l'affaire. Les Israéliens n'auraient pas causé de tort en vain.

Les rencontres se poursuivirent, sérieuses ou mondaines. Sulitzer demandait parfois un renseignement sans grande importance. Pierre oubliait sa qualité de *sayan*. Jusqu'à cette demande pour le moins embarrassante.

Intervenir sur le cours de la justice maçonnique n'était pas chose aisée. Et moralement discutable. Sans compter la faiblesse de l'accusation. Le franc-maçon dispose d'une totale liberté d'expression pendant les travaux.

Pour la première fois, il subodorait des arrière-pensées équivoques. Surtout après le cri du cœur de Talibani : « Il faut donner une leçon à ces fils de pute ».

Sulitzer l'avait rappelé pour expliquer ce « dérapage ».

- Tu connais les pied-noirs. Et puis, Gilles venait de rentrer d'un voyage de solidarité en Israël. Il a vu la détresse des gens du Sud, harcelés par les roquettes du Hamas. Sous ses dehors extravagants, il cache une grande sensibilité. Il ne ferait de tort à personne.

Plus ou moins rasséréné, il retourna à l'ambassade. L'attaché culturel avait commandé un bon déjeuner. Il le fit parler de son travail et de sa famille jusqu'au dessert. Il entra enfin dans le vif du sujet, en allumant un cigarillo.

- Ce n'est plus le problème d'un seul franc-maçon. On n'a rien contre ce Youssef El Kouhen. Il faut replacer la question dans un contexte plus vaste. Nous sommes face à un groupe structuré, constituant le noyau d'une future loge maçonnique, fortement politisée, viscéralement antisioniste, avec des relents cachés d'antisémitisme. Si on les laisse faire, ils risquent de polluer progressivement la plupart des obédiences.

On leur servit le café. C'était une salle réservée à certain personnel de l'ambassade. Pierre devinait des rencontres d'une particulière intensité.

- Il s'agit de frères et de sœurs arabes, ou sympathisants de la cause palestinienne. J'ai leurs noms et leur obédience. Ainsi que le courrier envoyé à la GLMU pour solliciter la création de cette loge.

- Pourquoi la GLMU ?

Uri cacha son étonnement. Les rôles étaient inversés.

- Selon la classification admise, la GLMU se voudrait une obédience progressiste et anti-impérialiste. Elle serait heureuse de les accueillir. Ces frères sont malins. Ils n'avaient aucune chance au Grand Orient ni à la Grande Loge. Notre seule chance est de les faire condamner par la justice maçonnique. On pourra alors faire pression sur la GLMU.

Pierre venait de comprendre pourquoi les gens fumaient avec une certaine délectation. L'ambassade échappait aux lois de la République. Il fit un signe de tête, sans réelle signification.

- Mon cher Pierre, nous sommes en guerre, et cette guerre nous est imposée. Le champ de bataille est partout. Nous ne pouvons nous permettre une défaite.

On ne quitte pas le navire en pleine tempête. Le sort était jeté. Il avait parlé avec le Grand Orateur. Les bougies finissaient de se consumer. Il était légèrement en retard. Mais le privilège des conseillers est aussi de se faire désirer.

Il lui avait parlé de ces incidents qui avaient bouleversé les travaux d'un paisible atelier. Le recours à la justice maçonnique, aussi excessif qu'il pût paraître, était nécessaire pour l'établissement de la vérité. Il connaissait personnellement le vénérable maître et quelques frères. Leurs témoignages lui semblaient dignes de foi. Il en appelait au Grand Orateur, défenseur suprême de la constitution du Grand Orient, pour que justice fût rendue, rapidement et dans le respect de la loi. Son interlocuteur s'était montré compréhensif. D'abord ils participaient tous deux à l'exécutif suprême. Et puis l'intervention de son collègue équivalait à une sollicitation précise, entraînant un geste de réciprocité. Schumann ne le comprenait pas autrement. Il connaissait ses ambitions. Au prochain scrutin, il votera pour lui au poste de Grand Maître.

11

- Rien à foutre de leurs victimes !

William Goldnavet lança son exclamation, bien qu'on eût frappé à la porte. Ils étaient supposés rester entre amis. Aussi demeura-t-il interdit en voyant une tête d'Arabe, à la chevelure ébouriffée.

Moulay Elbali entra sur la pointe des pieds. La gorge déjà nouée. Il reçut les paroles en pleine figure. Comme les médias en parlaient depuis vingt-quatre heures, et vu l'environnement, il craignait d'en comprendre le sens. Mais il fit celui qui ne se doutait de rien. Tous lui étaient inconnus, à l'exception de Raphaël Nabab. Le président de l'Union des étudiants juifs de France l'invita d'un geste à prendre place.

Son embarras avait commencé bien avant. Sur la ligne 9, en direction des beaux quartiers, puis en sortant du métro Rue de la Pompe. C'était la première fois qu'il foulait l'avenue Henri Martin. Sa largeur l'impressionnait. Les immeubles disposaient d'un espace vert et de belles grilles. Les appartements respiraient le luxe distingué. Les passants portaient des vêtements classiques et dispendieux. La plupart promenaient nonchalamment un petit chien. On lui jetait des regards curieux, comme si on s'étonnait de cette présence insolite, puis on soupirait avec un haussement d'épaules.

Il reconnut la Mairie grâce au portrait géant du soldat en uniforme. Une inscription réclamait la liberté pour l'otage israélien, tragiquement enlevé à l'amour de sa famille et de sa patrie. Une silhouette familière, tout en noir, belle à couper le souffle, distribuait des tracts dans le hall. Elle ne lui accorda pas un regard.

Les deux agents de sécurité effacèrent leur sourire en le voyant. Moulay détonnait au milieu de la foule, avec sa parka et son bonnet. Mais ils n'osèrent pas l'interpeller. Avec ces beurs, on ne sait jamais à qui on a vraiment affaire.

Ils restèrent sur leurs gardes. Jusqu'à ce qu'il leur demande la salle 235. Il était donc plus ou moins lié aux protégés du maire. Ils esquissèrent un sourire, lui indiquèrent la direction. Mais ils téléphonèrent immédiatement, en donnant son signalement.

Raphël fit les présentations. Elbali n'était pas sûr d'avoir retenu un seul nom. Les autres étaient bien plus âgés pour faire partie de l'UEJF. Il avait donc intégré une autre instance, avec d'autres responsables. Un signe de plus que sa candidature était considérée avec sérieux. Il se prépara à jouer son rôle.

Un silence emprunté s'ensuivit. Ils discutaient donc de cette terrible bavure qui avait fait plus de soixante morts à Gaza. L'homme qui avait parlé, à la voix métallique et aux cheveux bouclés, le salua par ailleurs sans aménité.

L'entrée fracassante de Moutomann, accompagnée d'une petite brune, les tira d'embarras. Elles avaient les bras chargés de tracts. Cette fois, la blonde de l'UEJF lui jeta un signe à peine perceptible.

Elle portait un pantalon et un pull à col roulé noirs. La poitrine agressivement mise en valeur. Sa chevelure dorée se répandait sur ses épaules. Elle dégageait une sensualité électrique. Les hommes dissimulaient leurs secrètes pensées derrière des badineries de bon aloi.

On ne « draguait » pas dans ce milieu. Audrey était une jeune femme de la Communauté, qui militait pour la cause. À ce titre, elle méritait une adoration toute fraternelle. Enfin, s'il y avait eu moyen, dans la discrétion, et sans tirer à conséquence, bien des résolutions seraient oubliées.

C'est ce qu'ils pensaient, à des degrés divers. En dehors de Raphaël, qui espérait plutôt en finir. L'orgueil en berne. Cette vénération collective, et politiquement correcte, et la crainte de ruiner ses fiançailles, l'empêchaient de passer à la postérité pour l'amant le plus envié.

Moutomann s'assit d'autorité. Une assemblée intéressante. Des hommes d'influence, à divers titres, et qui ne manquaient pas de charme. Le plus séduisant était incontestablement Claude Chaouch, vice-président de l'Union des patrons juifs de France. Beau brun, grand, élégant, sportif. Homme d'affaires prospère. Ne portait pas d'alliance. C'était la troisième fois qu'elle le rencontrait. Un petit homme suivait discrètement son tour d'horizon, et soupirait.

La brune restait debout. Militante de base, éclipsée par l'aura de la blonde. Nabab lui demanda de faire du café. Puis se tournant vers Audrey :

- Ça a été ?

- Impeccable.

- Comment on réagit ?

- Les gens montrent beaucoup de sympathie, et de sollicitude.

- Pas trop de sollicitations... scabreuses ? demanda Patrick Glukmann.

On rit beaucoup de cette gauloiserie. Le genre de propos propres à évoquer ses charmes en montrant qu'ils n'y étaient pas insensibles, tout en s'exonérant d'une quelconque intention licencieuse.

Moutomann leur répondit sur le même registre. Une rougeur inattendue lui donna plus de grâce. Sa grande bouche, d'une sensualité suggestive, se fendit d'un sourire angélique.

Tout en sachant qu'il n'aurait rien entrepris, Patrick regrettait qu'elle ne fût pas membre de l'UEJF à l'époque, pas si lointaine, où il en était le président. Qui sait... Un concours de circonstances... Est-ce que Raphaël... Non, franchement, son successeur n'avait pas l'étoffe d'un séducteur.

- Est-ce qu'ils posent des questions ?

- Souvent. Des nouvelles du soldat. Les circonstances de son enlèvement. Ils compatissent. Demandent s'ils peuvent aider. On leur fait signer la pétition.

- Les Juifs, comme les autres ?

- Aucune différence. Les Juifs nous disent un mot ou deux en hébreu, nous souhaitent « chabbat shalom ». Mais les cathos ne sont pas moins enthousiastes.

C'étaient des nouvelles agréables. On se réjouissait autour de la table. Moulay Elbali tentait de faire bonne figure.

- Rien de particulier ?

Audrey minauda :

- Ah oui ! Le maire est resté quelques minutes avec nous. On a pris des photos. Il nous a fait de la pub. Il s'est montré, comme d'habitude, jovial et empressé.

- Il a un petit côté coquin, n'est-ce pas ?

- Mais non ! C'est un bel homme. Un peu enjôleur, mais très respectable.

- Si un goy mérite le terme de « juste » des temps modernes, c'est bien lui, intervint Patrick Fauderch. Si la classe politique lui ressemblait, on n'en serait pas là. Récemment d'ailleurs, j'en ai parlé à Nicolas. J'ai souligné combien Croasgun est un grand défenseur d'Israël. Ah, s'il pouvait diriger le Quai d'Orsay !

Ils connaissaient la longue amitié qui liait Fauderch au président de la République. Le président de la Licra s'était même récemment vanté de l'avoir fortement sensibilisé à la dimension juive. Ce qui s'était traduit, entre autres, par un changement de la politique de la France à l'égard d'Israël. La référence à Sarkozy fit sursauter Moutomann. Elle le regarda différemment. La cinquantaine lui allait plutôt bien. Ce qui fit soupirer davantage le petit homme.

- Sinon ? interrogea Nabab pour conclure.

- On a eu quelques réflexions sur l'incident qui a eu lieu hier à Gaza.

- Et ?

- Rien. Tous le regrettaient, mais ils ne mettaient pas du tout en cause la bonne foi d'Israël.

C'était la moindre des choses. Sauf pour Elbali, qui baissa un peu plus la tête.

Raphaël se dirigea vers l'autre salle. Plusieurs jeunes s'y trouvaient. Pour la plupart des étudiants, membres de l'UEJF ou de la Licra. Installés devant des ordinateurs, ils participaient au combat pour la défense d'Israël, infiltrant les forums, traquant les dérives « antisémites », harcelant les Juifs qui se complaisent dans la haine de soi, les vils traîtres. Il en choisit deux, un garçon et une fille, et les envoya dans le hall avec des tracts. Ces jeunes étaient bien dans le ton du quartier. Branchés, avenants, juste ce qu'il faut de désinvolture. Ils suscitaient beaucoup de sympathie.

Lorsque les excès de l'occupation israélienne devinrent trop voyants, provoquant des critiques généralisées, les partisans d'Israël allumèrent des contre-feux, recourant à toutes sortes de manœuvres.

Klaus Croasgun en était un des plus fervents. Il s'était pris de passion pour cette cause. On pouvait se demander si la politique nationale et ses enjeux n'étaient qu'un moyen pour l'assouvir. Il était de tous les combats, de toutes les manifestations, des voyages de solidarité en Israël. Il ne manquait aucune occasion pour stigmatiser les Arabes et leur politique aventuriste. Même les « modérés » restaient suspects à ses yeux. Dans les meetings communautaires, il se laissait aller, avec des accents lyriques, comme à la belle époque des colonies, à comparer Israël à l'avant-garde de la civilisation judéo-chrétienne. Et à ce titre, l'Occident devait le soutenir sans réserve. Ce pays était unique, magnifique, un don de Dieu.

Sa Mairie était devenue en quelque sorte une annexe des organisations juives ou sionistes. La plupart des manifestations du Bnaï Brit s'y déroulaient. La WISO (organisation internationale des femmes sionistes) y organisait ses galas. Et lorsque l'UEJF et la Licra avaient exprimé le besoin d'un local pour y installer une cellule de veille afin de traquer les déviances antisémites sous-tendues par les critiques anti-israéliennes, Croasgun mit à leur disposition les salles 235 et 236, sans frais bien entendu. Il ne serait venu à l'idée d'aucun conseiller municipal, même de gauche, de contester cette attribution.

C'était commode. Il existait une maison commune pour tenir des réunions informelles ou spécifiques. La présence de divers responsables en ce vendredi n'était pas fortuite. L'examen de passage de Moulay Elbali ne constituait qu'un élément de l'ordre du jour.

- Pour ceux qui ne le savent pas, dit Raphaël, Moulay est membre du bureau de SOS Racisme. Il prépare l'agrég d'histoire. Il habite le 9-3. Sa connaissance de la banlieue est très précieuse. Grâce à lui et à son équipe, la rencontre du Parc des Princes s'est déroulée sans incident. La présence des beurs était essentielle. Nous avons ainsi pu atteindre nos objectifs.

Nabab semblait avoir pris fait et cause pour Elbali. C'était une étape, sans pouvoir décisionnaire. Une simple prise de contact, mais oh combien déterminante ! Leur approbation pèserait sur le choix final, dont MST et le député socialiste Julien Dry détenaient la clé.

- Comment as-tu vécu la soirée ?

Le président de l'UEJF voulait lui donner l'occasion de s'exprimer. Dans les regards braqués sur lui, Moulay percevait autant une curiosité froide qu'une franche antipathie.

- C'était un événement d'une importance capitale. D'abord par son côté inédit. Le premier auquel j'assistais, qui plus est en assumant des responsabilités. Et puis il y avait toute la symbolique du conflit qui se transposait sur un terrain de foot. Il recelait en lui les prémices d'une possible coexistence.

Elbali se sentit déstabilisé par sa propre emphase. Il s'arrêta net. Sa frustration était grande. Habitué des débats et exposés, il avait l'impression d'avoir récité une leçon. Comme un débutant qui lirait un texte, sans grande conviction.

Les examens oraux ne l'avaient jamais effrayé. Il avait réussi le CAPES et soutenu un mémoire. Mais ce jury l'intimidait. Il n'en attendait aucune indulgence.

Un homme l'examinait sans ménagement. Moulay l'avait aperçu à la télévision, dans ces émissions qui mêlaient intellectuels, politiques et artistes. Erik Djettour avait la réputation d'un chroniqueur féroce, obstiné, portant en étendard les valeurs de l'Occident, de la droite, et d'Israël. C'était un homme de petite taille, émacié, au regard brûlant, impatient de mordre. Il regarda comme par inadvertance Moutomann avant de l'interpeller :

- Dites-moi, Monsieur ! Je vous ai bien entendu. Je ne doute pas de votre sincérité. Mais connaissant les penchants de la jeunesse française d'origine arabe, comment expliquez-vous votre positionnement ? Attention ! Je ne le critique pas, au contraire, mais il me surprend.

L'attaque eut un effet positif sur Elbali. Il se retrouvait dans son élément.

- J'admets que le sentiment général des jeunes beurs penche fortement du côté palestinien. Et je le comprends. J'ai baigné moi-même dans cette atmosphère. Mais on peut évoluer vers la modération. Militant depuis plusieurs années à SOS Racisme, j'ai fait miens ses idéaux, c'est-à-dire la paix et la tolérance.

Nous mettons l'accent sur tout ce qui peut unir plutôt que diviser.

- Mais vos convictions personnelles ?

Moulay eut une légère hésitation en pensant à son amie Fatia.

- Il me semble avoir répondu.

Ce n'était pas une vraie réponse, mais Djettour fut devancé par Fauderch.

- Connais-tu la Licra ?

- Evidemment. Nous menons des actions ensemble.

- J'en suis le président. C'est bien ce que fait SOS. C'est d'ailleurs pour ça qu'on l'a créé. Il faut poursuivre dans cette voie. Nous luttons ensemble contre toutes les formes de racisme. Mais il y a un développement récent qui nous inquiète. Sous couvert d'antisionisme, ou de critiques virulentes à l'encontre d'Israël, se multiplient les pires campagnes antisémites. Nous devons les dénoncer sans cesse, et avec la plus grande vigueur.

- J'en suis pleinement conscient, approuva fermement Elbali. Ce devrait être la priorité des priorités à SOS.

S'ensuivit un silence que rompit Nabab :

- C'est très sympa d'être venu jusqu'ici. Ton témoignage est important. Moulay, je te prie de nous excuser. Nous allons évoquer des problèmes internes à la Communauté. Ça n'a rien de confidentiel, mais cela risque de t'ennuyer. Tu peux passer dans l'autre pièce, si tu veux. Il y a des boissons, et l'internet. Sinon on reste en contact.

Elbali exprima sa compréhension. Saisissant sa parka, il salua d'un geste et sortit.

- Il m'inspire pas, déclara immédiatement Djettour.

- Moi non plus. Je le trouve même suspect.

La surenchère de Goldnavet ne surprit personne. L'avocat des causes sionistes ressentait une aversion épidermique vis-à-vis des Arabes.

- Vous avez vu comment il s'est dérobé ? reprit le chroniqueur. À mon avis, il manie le double langage.

- Comme tous les Arabes, confirma Goldnavet.

- Non mais, imaginez un peu, lança Djettour, d'une voix tranchante, comme s'il était à la télévision, si j'avais posé la même question à Soroporo, le développement qu'on aurait eu. Ce type-là distille du miel quand il parle d'Israël.

Raphaël saisit la balle au bond.

- Mamadou est un black. Son esprit n'est pas façonné par la haine d'Israël. Et puis, c'est sa troisième année de présidence.

- Moi je l'ai trouvé correct, dit Fauderch avec calme. Il peut encore se bonifier avec les responsabilités.

Le jugement du président de la Licra avait du poids. Il occupait la scène médiatique depuis des décennies, et ses réseaux pénétraient les rouages du pouvoir jusqu'à l'Elysée. Mais les opposants ne désarmaient pas.

- L'origine est une faible excuse. Souvenez-vous de Malek Bouffi. Un Arabe pur jus. Pourtant, s'agissant d'Israël, on pouvait lui faire une confiance totale.

- C'est l'exception qui confirme la règle, soupira Goldnavet. Il faudrait un type comme lui.

- Et si on choisissait un métis ?

- Bonne idée. Patrick, y en aurait pas un de convenable ?

Patrick Glukmannn occupait effectivement une place de choix au sein de SOS Racisme. Suivant une coutume bien établie, chaque ancien président de l'UEJF intégrait l'association antiraciste en qualité de vice-président.

Malgré ses responsabilités professionnelles et ses engagements associatifs – il représentait le CRIF à cette réunion – Glukmannn gardait encore quelque chose d'adolescent, et se livrait parfois à des entreprises de séduction présomptueuses. Devant l'attente générale, il regarda chacun, en s'attardant sur Moutomann. Sa voix forçait par contre le respect.

- Un consensus s'était dégagé ces derniers mois pour favoriser un rebeu à la tête de SOS. Question d'alternance. Et pour permettre aux beurs de s'identifier avec l'organisation. Venons-en à ce Moulay. Je le côtoie à l'association. C'est un mec intelligent et réaliste. On ne peut pas lui demander d'adhérer au sionisme. Il vaut mieux d'ailleurs qu'il n'en donne pas l'impression. Sinon sa crédibilité est foutue. Par contre, on a les moyens de le contrôler. On peut lui couper les vivres. On peut même le faire remplacer. Je suis certain que Moulay a intégré le rapport de force. D'ailleurs, Raphaël prendra ma place de vice-président à SOS l'année prochaine. Tout est verrouillé.

Il s'arrêta un instant. Un sourire malicieux éclairait son visage. Se tournant vers Nabab :

- Le mieux, c'est de lui demander des contributions de deux ou trois pages, à mettre sur le net, avec sa photo. Par exemple sur la rencontre sportive et ses enjeux. Ça l'obligera à se couler progressivement dans le moule. Je le faisais pendant ma présidence. C'est drôlement efficace. Et carrément jouissif.

Tout le monde rit. Le rire de Moutomann lui plut par-dessus tout.

Aussitôt, le visage d'Erik se ferma. On le sentait prêt à bondir. Comme un sportif dans les starting-blocks. Les rires s'arrêtèrent progressivement.

- Excusez-moi, mais ça tombe mal. Nous avons ce putain de problème sur les bras. Il faut serrer les coudes. Et coordonner nos actions.

L'attention s'accrut autour de la table. Djettour était le seul vrai journaliste du groupe. Mais on le suivait pour une autre raison. Il parlait pour le compte d'Uri Sulitzer. Ils étaient tous des *sayanim.*

L'attaché culturel à l'ambassade d'Israël avait ses préférés. Parmi ses agents journalistes, il appréciait particulièrement Erik. Un vrai séfarade. Pas besoin avec lui de circonlocutions. Il y avait un ennemi. Tous les moyens étaient bons pour le détruire. Entre eux, ils ne s'embarrassaient pas non plus de considérations pseudo-moralisatrices.

- Cette bavure tombe mal, il faut le reconnaître. Surtout après les massacres du dernier conflit. Pour ma part, je partage totalement l'opinion de William. Rien à foutre de leurs victimes. Certains peuvent nourrir des scrupules, c'est tout à leur honneur. Mais franchement, c'est pas le moment de faire la fine bouche. Nous sommes en guerre. Point.

Les réactions se partageaient entre sourires ravis et mines pudiquement affligées. Il poursuivit :

- Il faut réagir vite et bien. Je vous dirai tout à l'heure pourquoi. En espérant que l'affaire retombera vite dans l'oubli.

Il était tendu comme à la télévision, bien qu'il fût ici à l'abri de toute opposition. Mais conscient de son rôle de leader :

- Voici une copie de l'article que je fais paraître demain dans le *Fig Mag*. Après m'être entretenu avec Uri. Il doit servir de modèle. Etienne Bougeotte fera publier lundi un papier dans le même sens. Notre ligne de défense est limpide. C'était un accident malencontreux, pour lequel *Tsahal* a présenté ses regrets. À souligner : Les terroristes palestiniens – marteler toujours cette association – ne le font jamais. Par ailleurs, le bâtiment bombardé servait de repaire aux tireurs embusqués. Les terroristes se servent de la population civile. Enfin, l'armée israélienne est la plus éthique du monde.

Il but un verre d'eau, puis demanda :

- Sur qui d'autre peut-on compter ce week-end ? Pour ma part, j'ai aussi contacté MST. Donc *Le Point,* c'est acquis. Ainsi que LCI. Vincent Brouet est l'ami de Michel-Samuel.

- Il y a les chroniques d'Alexandre Idler et de Philippe Gale.

- Gilles Lafonte pour *La Matinale*.

- Claude Arschlokhovitch pour le JDD et Europe 1.

- Je peux me faire inviter par Bruce Grossaint et Michel Denigaud. Leurs émissions sont regardées par les jeunes.

- Je vais toucher deux mots à Richard Darcon. Il passe à *Salut Les Terriens* samedi.

Ils établirent ainsi une liste de médias et de personnalités susceptibles de relayer leur message. Elle était réellement impressionnante. Djettour eut alors une ébauche de sourire, au triomphalisme subtil, comme lorsqu'il remportait les joutes à la télévision.

Mais très vite, il reprit sa position favorite. Celle du chasseur à l'affût, prêt à tirer :

- Vous avez entendu parler de cette putain d'association, constituée de quelques connasses mal baisées, et qui vient s'ajouter à la liste des organisations émues par le sort fait aux Palestiniens ?

Ils se regardèrent. Claude Chaouch sourit d'un air entendu.

- Décidément l'Europe court à sa perte, poursuivit-il, d'un ton dédaigneux. Après la repentance, la complaisance. Bientôt, la dhimmitude, ou la soumission. Ils ne comprennent pas que l'islam nous a déclaré la guerre. Et qu'Israël se trouve de notre côté.

Le chroniqueur de télévision savait ménager ses effets.

- C'est pourquoi cette bavure tombe mal. À cause aussi de SOS Palestine. Vous comprenez, c'est pain bénit pour elles. Massacre, images difficiles, cris de détresse. Le slogan est simpliste, mais redoutable. Le monde doit venir à leur secours. Sinon, vous connaissez la formule, elle devient vraie à force de la répéter : c'est non-assistance à peuple en danger. Rien que ça.

Djettour avait du mal à se contenir. Mais ce n'était qu'une attitude pour impressionner l'adversaire.

- La Mairie de Paris a essayé la carotte pour les faire changer de nom. La Préfecture a tenté de leur mettre des bâtons dans les roues. En vain. Nous avons alors pensé les décrédibiliser, en les ridiculisant. Notamment par quelques chroniques humoristiques sur *Canal* et dans *Charlie*. Pensez ! Une musulmane convertie, une avocate voilée, une Juive divorcée, membre de l'UJFP, cette organisation de traîtres, et une Juive franc-maçonne, une réfugiée palestinienne. Sur sept ou huit, ça frise le pathétique. Mais c'est des acharnées.

Claude Chaouch lui fit un signe discret. Erik hocha la tête.

- Je voudrais apporter un témoignage de leur pénétration insidieuse. Il y a quelques jours, j'ai accompagné Maurice Lésine à la Mosquée de Paris, pour un entretien avec le recteur. Nous avons d'abord discuté avec Ismaël Hadari. Ce dernier était venu au Parc des Princes. Maurice et moi avions décidé de tisser suffisamment de liens pour qu'il reste dans la ligne modérée. Il semble avoir des positions un peu… biaisées. Sur son bureau, il y avait des feuilles avec le logo de SOS Palestine. La Mosquée s'apprêtait peut-être à les afficher. Nous avons dû insister auprès de D'lil Boubakhar pour qu'elle n'en fît rien. À mots couverts, nous avons affirmé que ce serait un casus belli pour le CRIF. Le recteur a accédé à notre requête, mais Hadari ne semblait pas aussi bien disposé.

Le vice-président de l'Union des patrons juifs de France parlait avec assurance, d'une voix agréable, le sourire en coin. Cela lui donnait un charme fou, pensa Moutomann.

Mais aux yeux de Djettour, il avait oublié l'essentiel. Le coup de grâce qui emporte la conviction absolue.

- Imaginez-vous si aujourd'hui, ce matin, à l'heure de la prière, ces feuilles avaient été affichées, ou distribuées. Que cela se fasse à Barbès ou à Sarcelle, on s'en fout plus ou moins. Mais à la Mosquée de Paris ! Vous vous rendez compte ! Non seulement en termes de publicité, mais surtout de légitimité. Avec cette reconnaissance, l'association serait devenue intouchable.

Un frisson parcourut l'assistance. Chaouch réalisait rétrospectivement la catastrophe qu'ils avaient empêchée, par miracle. On retenait son souffle, attendant l'oracle auprès du messager de Sulitzer. Après un regard circulaire, Erik lança avec aplomb :

- Il n'y a pas d'autre alternative. Il faut la faire interdire.

Grande stupeur autour de la table. Certes, ils avaient l'habitude d'obtenir des faveurs, et des dérogations, auprès de toutes les institutions de la République. Mais de là à faire interdire une association légalement constituée… On était quand même dans un État de droit. Si cela devait s'ébruiter, le retour de bâton serait douloureux.

La jouissance de Djettour faisait contraste. Un léger rictus s'imprima sur son visage. Il gardait un air de mystère. Son autorité était incontestable.

- William, c'est toi qui mèneras l'offensive sur le plan médiatique et administratif. Mais pour qu'elle réussisse, il faut d'abord préparer l'opinion, grâce à une vaste campagne de dénigrement. Vous souvenez-vous de la chaîne libanaise qu'on a fait interdire ? Les services de Sulitzer sont sur le point de trouver la faille. Un petit truc, mais ça suffira.

Et il éclata d'un rire sardonique. Il y a des performances qui rehaussent. Mais le principe de réalité est sans pitié. Moutomann le regardait avec estime, mais ses yeux n'exprimaient aucune nuance de ravissement. Le physique des autres hommes écrasait le sien. Son rire s'acheva dans un rictus désabusé.

12

Le vent soufflait fort. Il tombait des cordes. Le parapluie menaçait de s'envoler. Les numéros n'étaient pas toujours visibles. Dans cette petite rue du dix-septième, l'éclairage laissait à désirer. La plupart des magasins avaient baissé leur rideau. Dans les cafés, les clients se faisaient rares.

Cela faisait dix bonnes minutes depuis la station Rome. Quelle idée d'édifier un temple, perdu dans ce dédale ! pensa-t-il. Pourtant, lors de sa précédente visite, vers la mi-septembre, tout lui avait semblé harmonieux. Il faisait beau. Le jour ne voulait pas finir. Les terrasses étaient bondées. Il n'avait eu aucun mal à trouver le numéro. Puis ce fut un long couloir jusqu'à une cour intérieure. Il y régnait une délicieuse sérénité. Florence conservait un léger hâle. L'été imprégnait l'atmosphère et les toilettes. Ce temple unique, niché au fond de la cour, lui avait paru une anomalie exquise.

Le visage fouetté par le vent et la pluie, il trouva enfin le numéro. Une porte d'immeuble tout ce qu'il y a de plus banal. Il sonna trois coups. La porte s'ouvrit. Dans le couloir, il s'arrêta, referma le parapluie, essuya ses lunettes. En réalité, il tentait de mettre de l'ordre dans ses pensées.

La joie de participer à la tenue s'était dissipée. Depuis la réception de la lettre, dans l'après- midi. Une très courte lettre. Fraternelle selon l'usage, mais sèche dans sa concision. Il l'avait lue et relue, l'avait souvent ressortie. Elle lui était bien destinée, et son message était explicite. À la réflexion, ce qui l'étonnait, c'était moins le contenu que la célérité, comme si les instances du Grand Orient n'avaient rien eu de plus urgent. Il la laissa dans la poche de sa veste.

Youssef El Kouhen essaya de détendre ses traits. Ne rien dire. Surtout pas à Florence. Ne pas lui gâcher la fête.

À l'intérieur, c'était l'ambiance des grands soirs. Les préparatifs allaient bon train. Il se sentit réconforté par l'accueil.

Les sœurs lui firent spontanément la bise, lui souhaitèrent la bienvenue. La précédente tenue n'avait laissé que de vagues souvenirs. Il chercha des yeux Florence. Ses amis n'étaient pas encore arrivés.

Dans la salle des agapes, il y avait d'autres visiteurs. Ils se saluèrent rituellement. L'initiation attirait toujours du monde. Par amitié pour la profane, ou parce que la cérémonie exerçait une fascination particulière.

La franc-maçonnerie universelle avait un sens. On appartenait à une grande famille. Les différences étaient transcendées dans l'idéal commun. Un sentiment de fraternité unissait spontanément des maçons inconnus. Youssef en était conscient. C'était une dimension à laquelle il n'avait pas songé en adhérant. Et ce sera probablement un de ses regrets si sa réflexion allait à son terme.

Soudain elle apparut, flottant dans sa robe noire. Florence ne lui accorda que le strict minimum. Un sourire et une triple bise. Puis elle s'éclipsa. Il comprenait. Une angoisse diffuse l'étreignit. Et si les répercussions l'éloignaient à jamais de son amie ?

Il n'eut pas le loisir de s'y complaire. Les mouvements se précipitaient. Les retardataires mettaient leurs décors. El Kouhen fit une ultime visite aux lavabos. Devant la glace, il s'assura que son visage n'exprimait aucune préoccupation. Il se força à sourire en ajustant la cravate. Des images pénibles lui revinrent en mémoire. Il les chassa en haussant les épaules. Bien décidé à ne laisser personne lui gâcher l'existence.

Enfin une raison de se réjouir ! Ses amis étaient là, portant un costume noir strict, et des décors à dominante rouge. Cette rigueur l'impressionnait. Il regrettait parfois de ne pas avoir envoyé sa candidature à la Grande Loge.

- Salut, vieux frère ! l'empoigna Rachid Elayani en l'embrassant.

- Ahlan ! lui dit à son tour Kader Mazouzi.

- Quoi de neuf ?

- Euh, rien de spécial, hésita Youssef.

- Où est Florence ?

- Probablement avec la profane.

- J'ai jamais assisté à une initiation chez les sœurs.
- Ce devrait être de toute beauté.
- Normal, reconnut Youssef. Elles travaillent au rite écossais.
- Il paraît qu'il y a pas mal de lesbiennes, chuchota Rachid.
- Je vous le dis sous le sceau du secret. Il y en a deux ou trois dans l'atelier.
- Ah ah ! Je vais tenter de les découvrir. En tout cas, il y en a de mignonnes. Tu les gardais pour toi ?

Youssef rit malgré lui. On ne pouvait en vouloir à Rachid. « Comment aurait-il réagi s'il avait reçu une lettre identique ? »

Les frères et les sœurs montaient à l'étage. Le rythme était lent. Ils devaient signer le registre de présence. Mais sans cohue. La bonne humeur dominait. Une joie anticipatrice illuminait les visages. En vue de ce grand moment de communion fraternelle. Loin des vicissitudes de la vie profane.

La main dans la poche, Youssef hésitait à montrer la lettre. Ce serait les tourmenter inutilement. Ils n'auraient même pas le temps d'en débattre. Peut-être pendant les agapes, ou au moment de se séparer. Non, plutôt le lendemain, car on transporte avec soi le vécu émotionnel. Lorsque la tenue est belle et riche, il lui subsiste, jusque tard dans la nuit, un parfum particulier, un sourire intérieur qui irradie. Un débordement d'amour sans tache.

Le parvis était plein à craquer. Les robes noires se mélangeaient aux costumes sombres, égayés par les tabliers colorés et les gants blancs. Les conversations se transformaient en murmures. L'impatience grandissait. Le nirvana était juste derrière la porte.

Des coups d'épée imposèrent le silence. La sœur experte les fit entrer selon le rituel. Il régnait une pénombre apaisante. Le décor était familier. On prit place à l'invitation de la vénérable maîtresse.

Les frères de la Grande Loge, ainsi que les sœurs, posèrent immédiatement leurs mains sur les cuisses, le pouce écarté. Le buste droit, parfaitement concentrés. Youssef s'efforçait de les imiter. La discipline lui manquait. Dans son obédience, on s'affalait sur les sièges, l'esprit vagabond.

On attaqua le cérémonial de l'ouverture. Sa solennité le transportait. Il communiait dans un esprit pur. Avec la sensation d'assister à un office sacré, d'une grande spiritualité.

Ils se rassirent. Les yeux fermés, il se laissait bercer par la voix de la sœur secrétaire. La lecture du tracé des derniers travaux lui importait peu. L'émotion l'étreignait encore. La découverte le bouleversait. Le saut dans cet inconnu mystique trouvait sa justification. Lorsque l'idée s'était glissée dans son esprit, il l'avait repoussée pour incompatibilité philosophique et religieuse. Il craignait surtout de se renier par pur ressentiment. Finalement, la franc-maçonnerie l'avait obscurément préparé, à défaut de satisfaire son idéal d'égalité et de justice, à cette dimension spirituelle. Le cadre maçonnique n'étant plus d'actualité, il lui paraissait naturel, et même légitime, de se tourner vers ses frères en religion.

L'appel le sortit de sa demi-torpeur. Il sentit Rachid se lever, se mettre à l'ordre, et se présenter. Il se prépara à faire de même.

L'experte s'absenta, et revint quelques instants plus tard avec une feuille accrochée au bout de son épée. C'était le testament philosophique de la profane. La vénérable s'en saisit et le lut. On aurait pu le trouver ingénu, mais dans cette atmosphère, il paraissait d'une touchante élévation.

L'atelier lança les préparatifs pour l'accueillir. Youssef s'attendait à une suspension des travaux, laissant libre cours à une joyeuse récréation. Mais la vénérable les invita au recueillement. Une musique sacrée emplit l'atmosphère.

On frappa à la porte du temple. Des voix s'élevèrent. Guidée par l'experte, la profane entra, les yeux bandés, lourdement enchaînée. C'était une jeune femme, grande et mince, avec des cheveux longs. Sur l'invitation de la vénérable, elle jura de garder le secret, confirma son adhésion libre et sincère, et promit de travailler sans relâche à combattre les mauvaises passions et à pratiquer les vertus les plus douces. Serment prêté sur la coupe des libations. Sa voix était agréable et ferme. On lui retira les chaînes. Elle but la coupe jusqu'à la lie, sans broncher.

Beaucoup déglutirent, ou firent le geste. Le souvenir du breuvage amer restait dans les mémoires. C'était leur premier signe d'empathie. À travers l'initiation, chacun allait revivre quelques faits marquants de la sienne.

Les sœurs la regardaient avec tendresse. Elle était déjà une des leurs. Il fallait seulement passer par cette cérémonie fondatrice. Ce qu'on allait lui faire subir, c'était uniquement par amour fraternel, pour l'intégrer dignement, car toutes l'avaient vécu, dans les mêmes conditions. La cohésion et la pérennité du groupe en dépendaient.

El Kouhen n'avait jamais ressenti rien de tel, sauf pour sa propre initiation. Mais sous le bandeau, les perceptions sont amplifiées. Sa loge avait bien initié quelques profanes. L'émotion était toujours là. Mais avec le temps, elle perdait de son intensité, sinon de sa pureté. Là, il avait l'impression de revenir aux racines de la franc-maçonnerie. Comme les premiers chrétiens dans leurs cavernes.

Sa résolution vacillait. Il craignait de commettre l'irréparable. Dans cet instant privilégié, la maçonnerie était à son sommet. Mais il fallait bien redescendre.

On fit faire le tour du temple à la profane, sur divers obstacles, au milieu d'une cacophonie de bruits volontairement exagérés, finissant avec l'épreuve de l'air. Fin du premier voyage. La vénérable en tira quelques leçons maçonniques.

On fit une pause. La musique s'éleva de nouveau. Il y eut d'autres préparatifs. L'experte invita une autre sœur à l'assister. Chacune prit une main de la profane. Le second voyage pouvait commencer. Le périple autour du temple se révéla moins périlleux. Les bruits baissèrent d'intensité.

Youssef se souvenait. Les mots s'étaient incrustés. Ce deuxième voyage symbolisait l'intégration en marche. Les passions malfaisantes décroissent. Les difficultés s'aplanissent pour les persévérants.

Il connaissait peu de choses sur la profane. Florence lui avait juste dit que c'était une collègue, et qu'elle serait un excellent maillon.

L'être humain reste une énigme, pensa-t-il. En cinq ans, il avait beaucoup appris sur les maçons. Quelques années et des grades de plus n'y changeront que peu de choses. La profane avançait avec assurance. Avait-elle étudié la topographie de l'univers maçonnique ? Etait-elle mue par la curiosité, l'amitié, ou un idéal transcendant ?

Le hasard l'avait fait atterrir un soir dans une obédience confidentielle, dont les travaux lui avaient paru d'une excellente hauteur. L'universalité de la franc-maçonnerie ne cessait de le fasciner. Mais cette petite obédience n'était pas reconnue par les grandes. Les institutions bien établies ne semblent pas apprécier la concurrence. Pourtant, elles pourraient s'en inspirer, au moins pour le recrutement. Dans cette obédience, le profane est invité à rencontrer certains frères et sœurs de son éventuel atelier, à visage découvert, et à engager le débat.

Si on lui avait donné cette possibilité ! Il n'aurait pas foncé les yeux fermés. Et il n'en serait pas là. Et la profane ? Florence n'avait pas dû lui dire grand-chose. Et ce ne sont pas les enquêtes ni le passage sous le bandeau qui l'auraient renseignée. C'était à elle de s'adapter. Le long processus venait de commencer. Sa curiosité étant piquée, Youssef regrettait déjà l'éventualité de ne plus pouvoir suivre son cheminement.

Le second voyage se termina par l'épreuve de l'eau, et les conclusions édifiantes de la vénérable. L'oratrice ajouta, après un silence : « Ici, tout est symbole ».

C'était au moins la quatrième fois qu'il l'entendait. Cette sentence rythmait de façon obsessionnelle l'initiation. Mais Youssef lui découvrit soudain une autre signification : « Toutes les belles paroles qu'on entend ici, il ne faut pas les prendre au sérieux. » Il eut alors l'impression que son visage exprimait une douce ironie.

Il se sentait déphasé. Le troisième voyage se déroulait dans un silence de cathédrale. D'où lui était venue cette pensée ? Décidément, la lettre faisait plus de dégâts en quelques heures que cinq années de maçonnerie.

Ce n'était pas la pensée en elle-même. Bien des frères l'admettent en petit cercle, même s'ils continuent à célébrer en tenue la version idéalisée.

Mais détourner cette belle sentence, de cette manière, et dans cette atmosphère solennelle ! Il faisait preuve d'un bien mauvais esprit. Il crut même que son sourire s'accentuait.

L'enchaînement l'enfonçait dans son égarement. Voilà qu'à l'issue du dernier voyage et de l'épreuve du feu, la vénérable s'était lancée dans une tirade sur ce couronnement du processus de purification, concluant en direction de la profane : « Puisse ce feu allumer dans votre cœur l'amour de vos semblables, qui doit inspirer désormais vos paroles et vos actes. » Suivie par l'oratrice : « Ici, tout est symbole ».

« Ce n'est pas pour du vrai, commentait mentalement Youssef. C'est juste une métaphore. Il faut bien sauver les apparences. »

La tension retombait. Les participants se relâchaient. Le gros de la cérémonie était derrière. Mais il restait encore quelques péripéties, dont celle de « la lumière ». Après quelques instants, la vénérable maîtresse rétablit l'attention d'un coup de maillet.

- Madame, l'ordre maçonnique dans lequel vous demandez à être admise, pourra peut-être un jour exiger que vous versiez jusqu'à la dernière goutte de votre sang pour sa défense et pour celle de vos sœurs et de vos frères. Le cas échéant, consentiriez-vous à faire ce sacrifice ?

La profane acquiesça, la main droite étendue sur l'autel des serments. « C'est tout ? » Youssef pensait revivre l'épisode de la prise de sang.

Lors de son initiation, on avait serré un garrot autour de son biceps, et passé un coton trempé à l'éther sur la saignée de son bras. Il s'attendait réellement à être piqué. Et puis un frère avait fait stopper l'opération. « Ici, tout est symbole ». Le vénérable lui avait alors expliqué.

- De même que vous avez été prêt à verser votre sang pour vos frères, de même ces derniers verseront le leur pour vous défendre.

Youssef avait encore les yeux bandés. Il faillit pleurer. Son cœur débordait de reconnaissance pour ces hommes qui le connaissaient à peine, et qui, par le miracle de l'initiation, l'intégraient au groupe, lui offraient une fraternité sans réserve, et même le sacrifice suprême. Quelle chance inouïe d'avoir frappé à la porte du temple !

Finalement il valait mieux faire simple. Sans cette dramatisation qui, il l'avait réalisé plus tard en tant que spectateur, provoquait des sourires amusés sur les colonnes.

Ce n'était pas l'unique différence. Les sœurs avaient un sens moins tragique de la mise en scène.

Le point culminant de l'initiation, pour tous, c'est le moment où le bandeau est retiré. Les frères attendent de découvrir le visage du nouvel initié. Ce dernier a hâte de voir enfin l'environnement maçonnique, et des francs-maçons en chair et en os. Mais cela ne se fait pas sans artifice.

Youssef avait entendu le vénérable maître s'adresser à un officier :

- Que demandez-vous pour le profane ?

- La lumière, vénérable maître.

On lui avait martelé, de diverses manières, qu'il avait été dans les ténèbres, et qu'il allait accéder à la lumière, c'est-à-dire à son nouveau statut d'homme libre et vertueux.

Ce mot avait une résonance particulière. Sa démarche avait trouvé un sens. Il en comprit même les ressorts inconscients. Cela faisait référence à la philosophie des lumières. Les valeurs de la République y avaient été forgées. Ce combat qu'il faisait sien, il allait pouvoir le poursuivre dans une institution laïque et progressiste, dont la devise était gravée aux frontons des édifices républicains.

Emu jusqu'au tréfonds de son âme, il avait senti le bandeau se détacher. Il cligna des yeux. Une dizaine d'hommes l'entouraient, l'air grave, pointant une épée dans sa direction. Ils portaient des trucs bizarres, mais qui lui semblèrent d'un ésotérisme magnifié.

Les sœurs qui entouraient la profane n'avaient pas d'épée, mais tendaient vers elle leur main droite. Florence était placée derrière, prête à lui retirer le bandeau. Dans les deux cas, l'interprétation était identique.

- Ces mains que vous voyez tendues vers vous ne sont pas une menace. Elles vous annoncent que tous les Maçons voleront à votre secours en cas de danger, et qu'ils vous rejetteront si vous deviez être parjure.

La profane avait un léger sourire. Ses yeux brillaient. Elle était plus jolie sans le bandeau. Youssef la trouvait même d'une sérénité étonnante. Elle se retourna à l'invitation de la vénérable, se retrouva devant Florence, et tomba dans ses bras.

C'était bien le rôle de la marraine. Lorsque le vénérable lui avait demandé de se retourner, il s'était retrouvé face à un inconnu, portant un miroir à hauteur de son visage. Youssef était encore sous le coup de toutes les émotions. L'inconnu se pencha pour l'accolade fraternelle. Il se laissa embrasser trois fois, complètement désarçonné.

La profane rayonnait. Youssef l'enviait un peu. Elle retrouvait une amie. Son cheminement ne commencera pas dans l'isolement. Elle avait choisi d'une certaine manière sa future famille maçonnique.

Il est vrai qu'il n'allait pas spontanément vers les autres. Et le fait de ne connaître personne l'avait plongé dans une grande solitude. Sans compter que les hommes se montraient généralement moins chaleureux. Ce fut le cas lors des enquêtes. Et avant l'initiation, un frère l'avait enfermé dans une espèce de grotte obscure, presque sans ménagement, devant un crâne humain et autres bizarreries, et lui avait demandé de rédiger son testament philosophique.

Pendant les agapes, après quelques mouvements de curiosité, on l'avait plus ou moins ignoré. Les autres formaient un groupe soudé, partageaient la même histoire, et s'esclaffaient aux mêmes plaisanteries. La pente était longue à remonter. Dans le métro, il s'était demandé s'il n'avait pas rêvé. Mais il était plein de bonne volonté.

La réalité lui apparut assez vite. On l'avait pris pour boucher un trou, ou pour « garnir les colonnes ». Ce n'était pas rédhibitoire en soi. Mais il y avait comme un péché originel, sans rémission.

La profane mettait un genou à terre. Armée de l'épée flamboyante et du maillet, la vénérable maîtresse la consacrait apprentie maçonne, sœur de la respectable loge *Simone de Beauvoir*, sous les auspices de la Grande Loge féminine de

France, et à la gloire du grand architecte de l'univers. Cela lui rappela l'enseignement de la féodalité, et le sacre des chevaliers.

Son amie était particulièrement émue. C'était son premier parrainage. Et tout s'était parfaitement déroulé.

« Elle a encore la foi ». Comme tous les maçons, il leur était arrivé d'évoquer des attitudes incompatibles avec l'éthique maçonnique. Ces comportements déplorables qui ne remettaient pas en cause l'institution. « Et elle aura du mal à comprendre ma conversion ».

Avant le grade de maître, il n'avait pas le droit de parrainer un profane. Bien que son vénérable lui eût tôt demandé si dans son entourage… El Kouhen s'en était bien gardé. La période d'apprentissage fut assez délicate. Interdiction de prendre la parole en loge. Assimilation du rituel et des symboles. Regards suspicieux des maîtres. Et les premiers doutes. Un apprenti avait alors démissionné au bout de quelques mois pour cause, lui avait-il confié, de « dogmatisme et frais exorbitants ».

Il devait donc tenir jusqu'à ce grade mythique. C'était une épreuve personnelle. On disait aussi que le maître devenait un franc-maçon accompli, jouissant de la plénitude de ses droits. Comme tous les apprentis, il en attendait énormément. Porter le tablier à liseré bleu et le cordon. Choisir sa place. Prétendre à un plateau d'officier. Assister aux chambres « du milieu ». L'expression lui paraissait recouvrir une institution mystérieuse. Un cénacle de sages, travaillant dans un climat de sérénité, et où la spiritualité maçonnique sublimait les travers des êtres mal dégrossis, à l'image de la pierre brute.

Et au moment où il en avait le droit, ou le devoir, il se dérobait à faire bénéficier un profane de cette félicité. Malgré les appels pathétiques au recrutement. On semblait même se résigner à accueillir un autre beur. Aujourd'hui il se félicitait de sa prudence. Quelle terrible responsabilité que d'engager un ami dans cette voie, et en particulier dans sa loge. Et en partant, devrait-il laisser son filleul seul, perdu dans cette galère ?

Florence ne vivait pas les mêmes problèmes. D'abord elle avait été parrainée. Et les sœurs de son atelier venaient de milieux divers. Elle avait facilement établi des liens. Faire entrer une amie témoignait de sa confiance dans l'institution et dans son groupe. Il semblait enfin que les sœurs fussent moins sujettes aux conflits de pouvoir. Certes, il y avait occasionnellement quelques légères tensions, propres à tout groupe humain. Mais entre frères, la haine pouvait atteindre des degrés inouïs.

La profane était entre les mains de la seconde surveillante. Celle-ci lui enseignait les rudiments du grade d'apprentie. Les signes, mots et attouchements. La marche, la batterie et l'acclamation écossaise. Revêtue de sa nouvelle robe noire, portant un tablier et des gants blancs immaculés, l'apprentie répétait, légère et souriante, sous l'œil attendri de ses sœurs. C'était un moment de détente dans le temple. Les participants estimaient avoir déjà gagné leur salaire.

Rachid profita de ce léger relâchement pour tendre une feuille pliée à Youssef. C'était une lettre de la GLMU. L'obédience progressiste accueillait favorablement la requête pour la création de leur loge. Une rencontre leur était proposée.

Son ami lui souriait. Et ce sourire lui fit mal. La veille encore, cette nouvelle l'aurait réjoui. Leur combat avait un sens. Parce que fondé sur la justice. Et mené dans la transparence.

Mais ils avaient affaire à des adversaires d'une autre trempe. Unis dans la même obsession. Peu scrupuleux sur les moyens. Cela pouvait se comprendre dans le monde profane. Mais recourir à de telles méthodes au Grand Orient !

L'instruction de la profane se poursuivait. On ne laissait rien au hasard. Le temps semblait suspendu. Rachid en suivait le déroulement. Son expression gardait l'euphorie de la bonne nouvelle.

Lui-même ne comprit pas le sens de son geste. Faisant fi de ses résolutions, El Kouhen sortit sa propre lettre et la lui tendit.

Il guettait ses réactions du coin de l'œil. Rachid lut le texte à deux ou trois reprises, mit quelques secondes à s'en imprégner, puis le fixa sans mot dire. Ses yeux clairs exprimaient une confiance inébranlable. Les choses s'arrangeront. La morale maçonnique triomphera de toutes les manipulations.

C'était plus qu'un désaccord. Youssef ressentit l'amorce d'une fêlure. Des divergences peuvent être surmontées entre amis. Mais cette fêlure ne pouvait que s'élargir. Parce qu'il connaissait parfaitement le monde dans lequel Rachid voulait encore évoluer. Lui aussi l'avait porté aux nues. La foi des francs-maçons est telle que seule la mort met fin à leur engagement. Il n'avait aucune raison de lui en vouloir. C'est chez lui que le mécanisme s'était enrayé. Il appréhendait la suite. Des échanges stériles et sans fin, portant atteinte à l'amitié elle-même.

L'oratrice prit la parole pour la conclusion des travaux. L'initiation est propice aux envolées lyriques. Lorsqu'elle mentionna la fraternité, Youssef hocha la tête avec tristesse. L'oratrice – une dame d'un certain âge, et d'une grande érudition maçonnique – était certainement de bonne foi. Mais la réalité ! Le mot sonnait bizarrement à ses oreilles. De beau principe, il avait pris depuis cet après-midi une tournure infamante. Pour la première fois de sa vie, il allait passer devant un tribunal, maçonnique certes, mais tout de même. Et vu le rapport de force, il n'échappera pas à une sanction.

La vénérable maîtresse invita les frères et les sœurs à se déganter, et à former la chaîne d'union. Un moment d'une intensité exceptionnelle. Les frères et les sœurs forment les maillons d'une chaîne maçonnique indestructible. Mais le cœur n'y était plus. Alors il s'imagina dans un autre cercle, habillé de blanc, et psalmodiant d'autres incantations.

13

Florence, 2 février.

Chère Khadija,

Avant de commencer, j'aimerais d'abord avoir de tes nouvelles. Rassure-moi encore. Comment te sens-tu après cette épreuve ? Avez-vous pris une initiative pour la suite ? Je regrette de ne pas être à vos côtés. Mais ce n'est que partie remise.

Voilà, j'ai pris une résolution conforme à ma nouvelle vie. Je vis une espèce de retour à l'ancienne, comme ces voyageurs chargés de malles qui partaient pour plusieurs mois à la découverte de contrées ensoleillées, berceaux des civilisations gréco-latines. La comparaison s'arrête là. J'ai pris l'avion, avec une seule valise, puis le taxi jusqu'à l'hôtel. Enfin j'ai emménagé dans un petit meublé, avec une terrasse d'un charme fou. Quelques affaires m'ont suivie dans une malle. J'en ai pris le moins possible pour marquer la rupture, fût-elle temporaire.

Dans cet environnement, et pour imiter mes prédécesseurs aventureux, il me semblait judicieux d'entamer une vraie correspondance, même si elle doit rester à sens unique. Je le dis sans ambages. Tu me répondras selon tes convenances.

J'ai la chance de disposer de mon temps. Rien que d'y penser, j'en ai la chair de poule. À plus forte raison de le vivre, minute par minute. Assister au temps qui s'écoule, paresseusement, comme un affluent qui serpente dans un sous-bois, piqueté de reflets ensoleillés.

Je peux me permettre cette chose incroyable, celle de m'ennuyer, non pas de trouver le temps long, en désespérant de le remplir agréablement, comme lorsqu'on se sent oppressée par la vacuité, et qu'on se lance éperdument dans des activités compensatoires.

Après trois semaines, mon rythme de vie est celui d'une rentière insouciante. Je me suis quand même inscrite à l'Académie des beaux-arts. Cours de dessin et histoire de l'art, tous les jours de neuf heures à midi. Sinon mes après-midi et mes soirées ne sont soumis à aucun planning. Je me laisse guider par l'envie de l'instant. Souvent après les cours, je m'installe à une terrasse tranquille, ou je longe l'Arno à vélo. Avant de rentrer chez moi, je fais un saut dans une galerie ou une église. De temps en temps un concert de musique classique. Et des escapades dans les environs.

Tout cela n'a pas l'air franchement folichon. Mais c'est bien ce que je recherche. Les dernières semaines ont été éprouvantes. J'ai besoin de souffler.

La solitude me convient pour le moment. Il y a bien quelques contacts sympas à l'Académie, mais je ne cherche pas à les développer. Comme je n'ai pas encore pris contact avec les franc-maçonnes d'ici. Dans ce domaine aussi, j'ai besoin de faire le point.

Pas question non plus de me lancer dans une aventure. C'est la pire des thérapies. Je ne suis pas venue pour ça. Pourtant les occasions ne manquent pas. Et la vue de ces couples absorbés dans une complicité amoureuse renforce la nostalgie d'un passé encore chaud. Les Italiens se montrent volontiers empressés. À la différence des Parisiens, affectant une indifférence blasée. Surtout vis-à-vis des blondes, et en particulier étrangères. Mais j'avais appris à les connaître. Et au bout de quelques jours, avec mon bonnet et mes lunettes noires, je passe facilement pour une femme d'ici.

L'occasion m'est donnée de réaliser un désir récurrent qui me hantait à chaque séjour, et d'en finir avec un vieux fantasme. Beaucoup rêvent d'une carrière artistique. La peinture m'a toujours intéressée. Mais je ne crois pas honnêtement avoir un don. J'aimerais seulement acquérir du métier et affiner mon jugement. Quant à la Toscane, je me résignais à attendre la retraite pour y faire le séjour de mes rêves.

Et voilà, le destin. Pour cette fois, je serai d'accord avec toi. C'est trop compliqué pour être le fait d'un hasard.

Bien sûr, le concours de circonstances y est pour beaucoup. Sans l'aide de mes parents, ce serait resté à l'état de chimère. Comme tu sais, j'ai pris un congé sans solde. Pour le reste, ce sont eux qui prennent tout en charge. Je suis une enfant gâtée. Dans le sens où j'ai reçu beaucoup d'amour et un soutien constant. Mes parents ne sont pas riches. C'est la classe moyenne aisée. Libéraux et agnostiques. Je leur ai raconté l'essentiel. Ils m'ont demandé ce qui me ferait le plus plaisir.

J'habite une sympathique rue piétonne, la via Condotta, au troisième et dernier étage, sans ascenseur. Je laisse mon vélo en bas. Je l'ai acheté en arrivant. Un coup de cœur. La terrasse donne sur une jolie place, et sur la Galerie des Offices, le plus grand musée de la Renaissance. Je le déguste à petites doses. Plus bas il y a le fleuve. J'ai pratiquement du soleil toute la journée. Il fait beau très souvent. Le ciel est d'un bleu pur. Les couleurs tendres et les arbres d'un vert intense.

Ça me ferait plaisir que tu viennes. Vraiment. Je peux t'héberger. Tu ne te sentiras pas totalement dépaysée. Il y a pas mal d'immigrés ici, et quelques femmes voilées. Certains marchés ont pris des couleurs orientales.

C'est un curieux sentiment de changer de vie. J'ai déjà fait plusieurs séjours dans la région. Mais en touriste. Je pensais à Paris et à mes activités. Là il m'arrive de me sentir Florentine, et de penser en italien. Mes nouveaux repères s'incrustent. Les trajets deviennent familiers. La cuisine est naturellement italienne. J'ai l'impression d'être ici depuis longtemps.

Mes lectures ont changé. Je n'ai pas de télé. J'ai acheté une petite chaîne et quelques CD. Ecouter un opéra devant ces paysages provoque des émotions indescriptibles.

Je lis uniquement des auteurs italiens. Histoire de l'art et littérature. Et je me rends compte, en t'écrivant, qu'en dehors de quelques escapades sur le net, à la recherche d'une info particulière, la politique est sortie de mon esprit.

Ce n'est pas un retour en arrière. Je le sens. Une fois qu'on y a goûté… Mais ça fait du bien de s'en éloigner un temps.

Avant de rencontrer Youssef, je lisais rarement un journal. La politique me semblait une chose compliquée, bizarroïde. Les événements internationaux me laissaient quasi indifférente. Les échanges animés auxquels il m'arrivait d'assister, empreints parfois de violence verbale, me stupéfiaient. Ces gens ont perdu leur âme, pensais-je.

Eh bien, ces derniers temps, je lisais *Le Monde Diplomatique*. Youssef me conseillait un article, m'éclairait sur certains aspects. C'est formidable de comprendre. Comme si je te racontais l'histoire d'un tableau. Tu ne le verrais plus de la même façon.

Tu sais, la loge des francs-maçons sionistes, la principale source de ses problèmes. La première fois que nous y sommes allés, je n'avais rien compris de ce qui se tramait. Il a fallu qu'il m'explique le lendemain. Il était parti en coup de vent juste après. Je croyais qu'il était malade.

L'ignorance, ça peut à la rigueur passer. Mais la bêtise ! Comment peut-on s'aveugler à ce point ? Comme beaucoup j'imagine, je me suis laissé avoir par la belle prestance de MST. Etudiantes à la Sorbonne, il nous faisait rêver. Et puis je suis passée à autre chose, comme on change d'idole, sans avoir aucune raison de m'en méfier. Il était dans l'air du temps, jet-setter adorable, intello en plus. Grâce à Youssef, j'ai lu une biographie stupéfiante sur lui. Et découvert son rôle, à travers ses réseaux tentaculaires, dans la défense d'Israël, même les massacres les plus ignobles, tout en prenant ses poses « progressistes », comme un oracle infatué dispensant ses critiques, célébrant les forces du bien, vouant ses opposants aux gémonies. Son exposition médiatique m'horripile. Parce que je sais pour qui il roule. Ainsi que la sujétion des médias à ses oukases.

Voilà que ça me reprend. L'excitation politique. Plutôt un coup de gueule. Je ne peux m'en empêcher. Toutes ces manigances. Surtout pour des causes inavouables. Mépris des peuples opprimés. Si seulement il s'était cantonné dans sa sphère, le MST ! Mais il paraît que, même sur le plan de la philosophie, sa réputation serait usurpée. Je ne serais pas surprise d'apprendre que les ennuis de l'association aient eu pour origine les manigances de ce fils de p... Reprenons le cours de la campagne de harcèlement. D'abord les médias qui lui sont inféodés, comme un encerclement de la proie, puis les injonctions téléguidées d'hommes politiques, et enfin sa rubrique hebdomadaire où il donnait le coup de grâce, en suggérant quasiment le motif d'interdiction. Où a-t-il pris ses informations ? A-t-il appelé le ministre, ou s'est-il adressé à l'Elysée ? Si tu as quelques renseignements, n'oublie pas de me les communiquer. Cette affaire me touche au plus haut point.

Ça me manque un peu, cette effervescence. Et je regrette de ne pas être à vos côtés. J'imagine, recevoir cette décision, comme cela a dû être terrible ! J'ai l'impression d'avoir fui. Mais tu sais bien pourquoi je suis partie à ce moment-là. Si j'avais su, je serais restée quelques jours. Cet incident est venu parachever la débâcle.

J'ai l'impression que cela m'a plus affectée que les histoires liées à la franc-maçonnerie, même avec leurs terribles conséquences. Autant je peux comprendre les enjeux de pouvoir au sein d'une obédience comme le Grand Orient, autant les moyens utilisés contre une petite association me laissent sans voix. Mobiliser le gratin médiatique, sans compter les interventions occultes. Je ne soupçonnais pas la menace terrifiante que faisait peser SOS Palestine sur le lobby « judéo-sioniste » (expression favorite de Youssef). Voilà des gens qui contrôlent la plupart des grands médias, disposent de relais dans les plus hautes sphères de l'État, sans compter une puissance financière considérable, et qui ne peuvent tolérer l'existence d'un groupuscule rebelle. Je me demande : Est-ce l'expression d'une impunité absolue, ou les premiers signes d'un désarroi devant le réveil des consciences ? On a beau dire, la cause sioniste est de moins en moins défendable. Qu'en penses-tu ?

Par certains côtés, pour le décryptage politique par exemple, Youssef va me manquer. Mais bon, je dois me débrouiller par mes propres moyens.

Mon Dieu, s'ils savaient ! Je me souviens de ma première soirée au *Nahda*. Une bande de copines avec un petit idéal. Pas le genre d'excitées, prêtes à tout faire sauter. Je n'avais pas eu l'impression de participer à un complot « terroriste », ou propre à déstabiliser la République. Mais il y avait ce slogan qui pouvait devenir un cri de ralliement. Ce qui est bon pour le

Tibet devient indécent quand on veut défendre la Palestine. Ou des droits des peuples à géométrie variable.

Ce soir-là, on avait déjà évoqué une première pique médiatique. Il y en eut d'autres, sur la même chaîne, et ailleurs. Une des plus dégueulasses a été écrite par Philippe Gale. Youssef m'avait mise en garde contre *Charlie-Hebdo* pour ses positions viscéralement pro-sionistes. Le directeur y avait déversé son fiel sur une association de « dégénérées ».

Mais l'apothéose, ce fut la chronique du *Point*. Honnêtement, ce mec a le sens de la formule et de la dramaturgie. Avec une chute admirable. Je parle de la forme, Khadija. Dommage qu'il soit du mauvais côté.

Le titre déjà : « Le danger de l'amalgame ». J'ai envie de revenir sur quelques points, tellement c'est bien ficelé. Nous vivons dans un pays démocratique. La liberté d'association est un droit fondamental. Mais attention aux excès qui menacent cette même liberté. SOS Palestine défend une cause légitime (merci MST), mais en la dramatisant à l'excès, elle propage des perceptions mensongères. Oh il n'est pas là (quelle modestie !) pour juger ni condamner. L'intellectuel du haut de son Olympe est seulement soucieux du bien commun. Il faut préserver la paix sociale et l'harmonie communautaire. Dans le climat actuel, c'est comme donner des allumettes à des pyromanes. C'est de l'inconscience que de permettre à quelques excitées (oui, il « ose » le mot, mais par souci de protéger la vie privée, il n'ira pas plus loin) de jeter de l'huile sur le feu et de semer les graines de violences futures.

Et là, la botte secrète. Le coup final. À la limite, il aurait laissé (quelle grandeur d'âme !) cette association d'irresponsables à leurs divagations idéologiques si elle ne servait, peut-être à leur insu (tellement elles sont connes) de relais vers des organisations terroristes, leur apportant une aide même indirecte, et contournant ainsi la décision européenne de les boycotter.

Et là, il s'arrête. Son rôle n'est pas de jouer au flic. Lui c'est l'intello pétri de valeurs humanistes.

C'est à ce moment-là que je suis partie. Avant l'hallali général. MST avait donné le signal. Les chiens ont dépecé à belles dents. Une mise à mort grandiose. Quel merveilleux consensus pour mettre l'association, « flirtant » avec le terrorisme, hors d'état de nuire ! Avec surtout l'interdiction de réutiliser le même nom, sous quelque forme que ce soit.

Lorsque Christine m'a raconté les faits, je me suis sentie mal. Mon moral a encore dégringolé. C'était peu après la saloperie qu'on avait faite à Youssef. Probablement par les mêmes personnes, ou appartenant à la même mouvance, ou obéissant au même chef d'orchestre. Il ne peut y avoir de coïncidence. Ces gens ont décidé de s'attaquer à toute forme d'expression pro-palestinienne. Ils sont partout, ils sont puissants, et surtout d'une efficacité diabolique. Ils ne peuvent qu'être en relation avec des services secrets.

Je n'en reviens toujours pas. Christine reçoit dans son cabinet un Libanais d'origine palestinienne, membre d'une ONG des droits de l'homme. Elle lui remet un chèque de cinquante euros au nom de l'association. Or ce Libanais est le cousin germain d'un membre du Hamas à Gaza. Et il lui envoie cette info par mail. Cela a suffi pour constituer un délit de terrorisme par association.

Dans quel monde on vit ! Tant de machiavélisme ! Même dans les milieux soi-disant progressistes. Tu sais, lorsque je me suis ouverte à la politique, j'étais pleine d'enthousiasme. La relation avec Youssef démarrait bien. Je découvrais plein de choses. Le combat semblait avoir un sens. La tendance ne pouvait aller que vers le progrès. La justice devait poursuivre son petit bonhomme de chemin.

La franc-maçonnerie ajoutait une touche humaniste. Connais-tu le slogan des francs-maçons ? Liberté égalité fraternité. On le crie dix fois à chaque réunion. Sans compter que notre idéal est d'améliorer l'homme et la société. Et d'autres choses encore. Tu vois, tout ça, combiné à un engagement progressiste, et l'amour en plus, j'avais l'impression de suivre l'autoroute du bonheur.

Mais le monde des francs-maçons n'est pas moins cynique que les autres. En principe, je suis tenue au secret maçonnique. Mais je m'en fiche. Je te raconte ce qu'ils ont fait à Youssef. Probable que ton frère ait eu quelque scrupule à le faire. Je suis tellement écœurée ! C'est aussi pour cela que je n'ai pas encore contacté les sœurs d'ici. Bien sûr, tout le monde n'est pas logé à la même enseigne. Mais comment pourrais-je lancer le slogan de bon cœur, avec une conviction intacte ?

Mais un virage à 180 degrés ! Peut-être pourrais-tu m'éclairer un peu. Rapport à l'aspect religieux, ou mystique. Que sais-tu du soufisme ? Je suis en pleine confusion. Youssef a bien tenté de m'expliquer. Mais c'était comme pour se soulager d'un fardeau. De toutes façons, cela ne rimais plus à rien.

C'est délicat de juger. Mais un changement aussi radical ! Cette façon de tourner la page. Enfin toutes les pages. Même la nôtre.

Souvent, quand on est engagé dans une relation, on se demande comment cela pourrait finir. Surtout en l'absence d'éléments encadrant la relation, et lui donnant l'illusion de la permanence. Le plus tangible est la cohabitation. La vie commune laisse peu de marge à l'émergence d'une alternative. C'est pour cela que je l'ai toujours refusée. Mon caractère et mes inclinations s'y opposaient.

Tu pourrais penser que nos différences aient pu jouer un rôle. C'est le premier réflexe en cas de difficulté. Difficile de trancher. Tu es aussi passée par là. Et ton frère est embarqué dans une aventure semblable.

En ce qui nous concerne, je n'y crois pas. D'abord nous sommes maçons et nous nous sommes rencontrés dans un cadre maçonnique. Ça n'a l'air de rien, mais nous sommes pétris de cette idéologie et de ses valeurs : égalité et laïcité. Mon attitude n'a guère varié. Je l'ai invité chez mes parents, comme je l'ai fait avec les autres copains. Cela ne s'est pas fait de son côté. Et même s'il l'avait fait, cela n'aurait rien changé.

Tu seras peut-être étonnée, mais sur le plan de l'indépendance, nous nous entendions parfaitement. Sans préalables ni longs discours. Nous prenions pour acquis que chacun garde son appartement et mène sa vie à sa guise. Les week-ends et les vacances n'étaient pas des périodes de fusion sacralisées. J'en étais même surprise, je te l'avoue. Pour dire les choses franchement, sans aucune connotation, je trouvais Youssef bien plus libéral que pas mal d'anciennes connaissances. Cependant, l'idée me traverse maintenant, est-ce bien ce qu'il voulait réellement ?

Paradoxalement, comme tout allait bien avec Youssef, je me posais parfois la question du devenir de la relation. Moins par inquiétude qu'un mouvement de curiosité. Dans quel sens pouvait-elle évoluer ? Mais je ne la voyais pas finir de sitôt. Je ne voyais pas ce qui aurait pu la tuer.

Les événements se sont chargés de le faire. Rien d'inéluctable là-dedans. Ils auraient pu au contraire nous souder un peu plus. Mais il en a profité pour virer de bord. Plus j'y pense, et moins je me l'explique. Les trajectoires religieuses ont une part d'irrationnel. Même si a posteriori on peut les justifier.

Dans un sens, je suis soulagée que cela soit arrivé maintenant. Si cette idée était déjà en lui, même enfouie dans sa conscience, je n'aurais pas voulu en passer par là dans quelques années.

Le plus curieux, Khadija, c'est que formellement nous n'avons pas rompu. La relation est mise entre parenthèses. Suite aux événements et à mon départ pour l'Italie. Mais je ne me fais aucune illusion. Lui non plus d'ailleurs. Je crois que nous n'avons tout simplement pas eu la lucidité de prononcer l'acte de décès.

Nos voies ont déjà commencé à diverger. Je suis agnostique et laïque, et je ne peux rester liée à quelqu'un qui s'engage dans un mysticisme religieux.

C'est vraiment dommage. Cette affaire est partie de presque rien. Une controverse gonflée à dessein, transformée en infraction, et soumise aux instances disciplinaires du Grand Orient. C'est son obédience. Celle de ton frère s'appelle la Grande Loge. Je t'explique. C'est très intéressant, parce qu'on retrouve le même type de complot qui a abouti à l'interdiction de SOS Palestine.

Le Grand Orient abrite une loge « judéo-sioniste », chargée de soutenir la politique d'Israël. Nous sommes allés en bande à une de ses réunions. Il y avait une conférencière profane, une journaliste de *Charlie-Hebdo*. Pro-sioniste comme son directeur. Et protégée de MST. Elle se croyait en terrain conquis, s'est mise à déblatérer sur les Arabes et les musulmans. On l'a bien contrée. Elle en était secouée. Ce fut chaud, mais conforme à la vigueur des débats maçonniques. Mais ces gens-là ont des relations à tous les niveaux. Youssef fut traîné illico presto par sa propre loge devant la justice maçonnique pour avoir « perturbé » le déroulement de la réunion. C'est absolument ahurissant, et totalement contraire à la tradition maçonnique. Il a quand même écopé d'un avertissement. En l'espace d'une semaine. Alors que le moindre recours nécessite plusieurs mois.

Ton frère subira peut-être le même sort plus tard. Tout dépend de l'influence des « judéo-sionistes » dans la direction de la Grande Loge.

Ces sanctions ont pour but d'intimider le groupe, et in fine de l'empêcher de réaliser son projet. Youssef, ton frère, et d'autres frangins arabes avaient l'intention de créer une loge progressiste et pro-palestinienne pour faire contrepoids à la loge « judéo-sioniste ». Mais si leur « casier » maçonnique est chargé, on peut supposer que les maçons sionistes arriveront à les bloquer.

Il me semble que tu m'avais parlé d'une affaire similaire. Une chaîne libanaise a été interdite de diffusion en Europe, parce qu'on avait réussi à dénicher deux ou trois minutes de reportage à caractère « antisémite ».

En tout cas, quelque chose a basculé dans son esprit. Comme s'il voulait en finir. Tourner définitivement la page de la franc-maçonnerie. Il n'en a parlé à personne. C'est arrivé comme un coup de tonnerre.

Je comprends sa rage, et son dépit. Pour lui, c'était une espèce de consécration. Le fils d'immigrés qui intègre le temple du savoir et du progrès. Les francs-maçons se considèrent depuis trois siècles comme l'élite éclairée de la nation, à l'avant-garde de toutes les luttes sociales, pétris des plus hautes valeurs républicaines. Et là, se faire piéger par des « frères » sans scrupules, obsédés par la défense à tout prix d'Israël. Le plus terrible, c'est qu'une telle obédience viole ses propres principes.

D'un autre côté, je lui tire mon chapeau. Il s'est grillé auprès des francs-maçons – plus jamais il ne sera réadmis – mais quelle claque il a donnée au Grand Orient ! Il paraît que ça secoue à l'intérieur. Des frères découvrent, ahuris, l'existence d'une loge judéo-sioniste. Bien sûr, elle ne se présente pas comme telle. Mais comme par hasard, tous les membres sont juifs, à part un, tu le connais au moins de nom, le fameux Sidaoui, plus sioniste que les Juifs, anti-voile, anti-palestinien. Il avait même soutenu l'offensive israélienne à Gaza. Les éléments révélés par Youssef commencent à faire jaser. En particulier l'épisode de la justice maçonnique. Ça sent le règlement de compte.

Tu sais ce qu'il me rappelle ? Les fameux kamikazes qui se sacrifient pour la cause. On peut faire des réserves sur la méthode ou les objectifs, mais il faut leur reconnaître un sacré courage.

Tout déballer sur Oumma.com. Il fallait oser. Il n'a pas fait les choses à moitié. Youssef a tout donné. Le nom de la loge judéo-sioniste et ses principaux responsables. Même le jour de réunion et le numéro du temple. Les cinq minutes réservées à l'actualité israélienne. Les voyages « organisés » en Israël. Et les conférences bien orientées, dont celle de la journaliste de *Charlie-Hebdo*. Les dessous de sa comparution devant la justice maçonnique, et les noms des juges. La condamnation expresse, comme pour un flagrant délit. Et pour que les choses soient claires, il a même placé sa photo, avec ses coordonnées. Evidemment, il a été radié sur-le-champ. C'est une sanction naturelle. On ne badine pas avec le secret maçonnique.

Voilà une chose que je n'aurais pas pu faire. Même si on m'avait fait la pire des crasses. Les francs-maçons développent un esprit de corps, et répugnent en général à étaler sur la place publique les différends personnels, avec ce luxe de détails.

C'est ce qui me fait penser qu'il avait déjà, mentalement, quitté cet univers. Le soufisme commençait probablement à l'intéresser. Mais pas assez pour qu'il m'en parle. Intellectuellement, nous étions très proches. Je doute qu'il m'ait caché intentionnellement un nouveau champ d'intérêt. Je n'ai aucun a priori.

Il y a des choses qui restent inexplicables. Ce qui se passe dans la tête d'une personne à la suite d'un choc. La décision du tribunal maçonnique a agi comme un révélateur. Et précipité le processus. Je suis convaincue que, sans elle, l'évolution se serait faite en douceur, et en pleine concertation.

C'est ce que j'ai mal vécu. Non pas son choix, mais sa façon de me mettre devant le fait accompli, comme si je ne pouvais pas avoir de place là-dedans. Il avait choisi une nouvelle voie, tout en laissant entendre qu'il comprendrait fort bien que je n'y trouve pas mon compte.

Une voie à lui. Une voie spirituelle, spécifique. J'avais l'impression d'entendre : « C'est difficile à saisir pour une non-musulmane ».

En outre, il avait une barbe fine, bien taillée. Ça lui allait bien, mais dans la circonstance, cela me mettait mal à l'aise.

Par quelque allusion, j'ai compris qu'il avait reporté tout son amour, de la franc-maçonnerie au soufisme. « C'est un autre type de fraternité » m'a-t-il dit. Ce monde-là ne pourrait jamais le trahir.

Je compte rester à Florence jusqu'en été. Il est peu probable que je fasse un saut à Paris. Mes parents me rendront visite au printemps. J'espère que tu viendras aussi. Tu sais ce que j'aimerais ? Organiser une soirée « arabe » chez moi, en septembre ou octobre. Avec ton aide. Je l'avais promis, et cela me ferait tellement plaisir de vous retrouver tous.

Je t'embrasse.

Florence Meyer

L'HARMATTAN, ITALIA
Via Degli Artisti 15 ; 10124 Torino

L'HARMATTAN HONGRIE
Könyvesbolt ; Kossuth L. u. 14-16
1053 Budapest

L'HARMATTAN BURKINA FASO
Rue 15.167 Route du Pô Patte d'oie
12 BP 226 Ouagadougou 12
(00226) 76 59 79 86

ESPACE L'HARMATTAN KINSHASA
Faculté des Sciences Sociales,
Politiques et Administratives
BP243, KIN XI ; Université de Kinshasa

L'HARMATTAN GUINEE
Almamya Rue KA 028 en face du restaurant le cèdre
OKB agency BP 3470 Conakry
(00224) 60 20 85 08
harmattanguinee@yahoo.fr

L'HARMATTAN COTE D'IVOIRE
M. Etien N'dah Ahmon
Résidence Karl / cité des arts
Abidjan-Cocody 03 BP 1588 Abidjan 03
(00225) 05 77 87 31

L'HARMATTAN MAURITANIE
Espace El Kettab du livre francophone
N° 472 avenue Palais des Congrès
BP 316 Nouakchott
(00222) 63 25 980

L'HARMATTAN CAMEROUN
Immeuble Olympia face à la Camair
BP 11486 Yaoundé
(237) 458.67.00/976.61.66
harmattancam@yahoo.fr

L'HARMATTAN SENEGAL
« Villa Rose », rue de Diourbel X G, Point E
BP 45034 Dakar FANN
(00221) 33 825 98 58 / 77 242 25 08
senharmattan@gmail.com

642773 - Février 2016
Achevé d'imprimer par